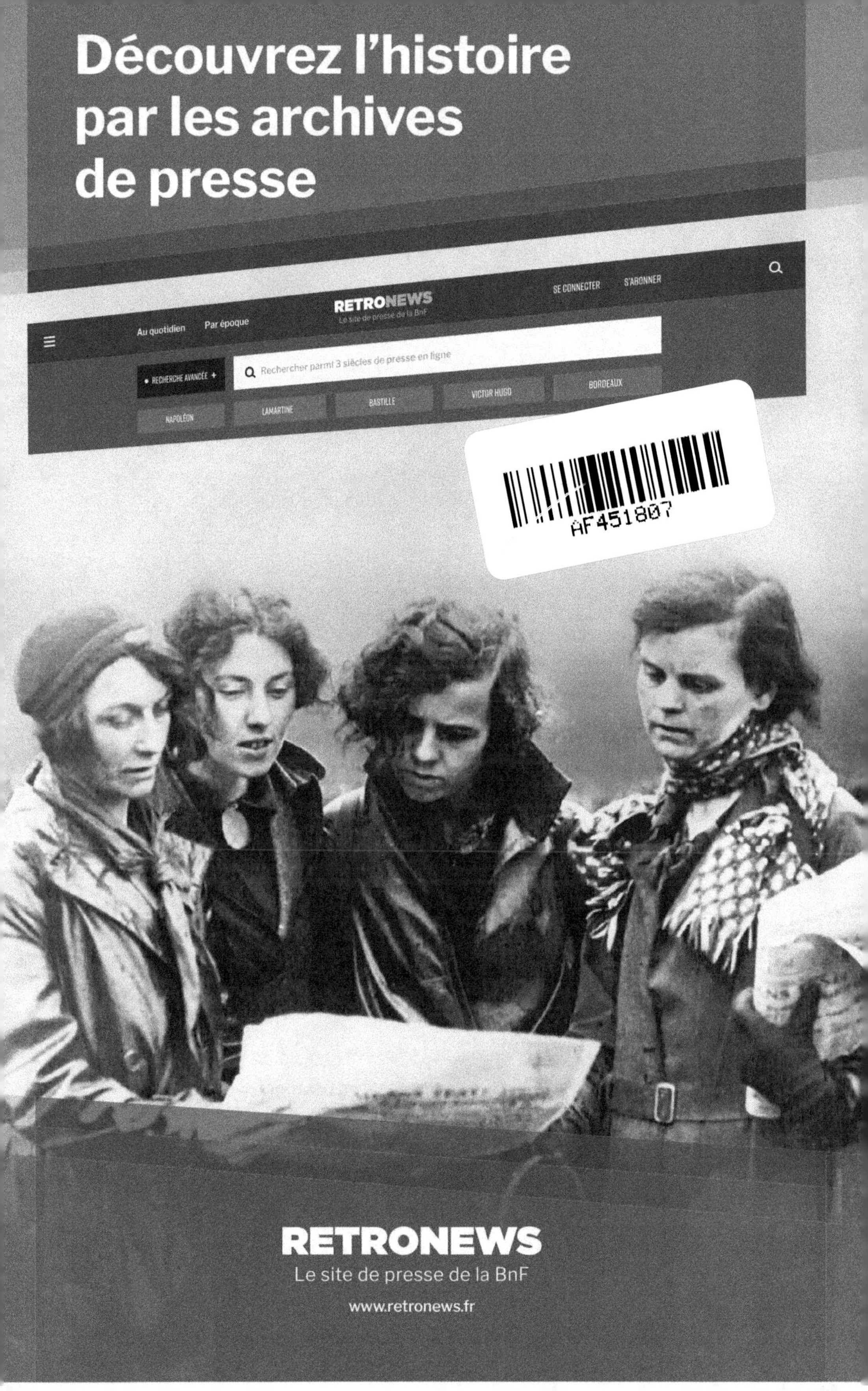

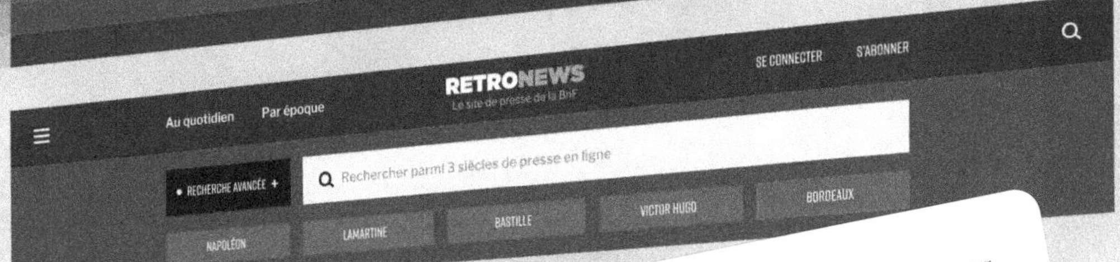

Découvrez l'histoire
par les archives
de presse

SE CONNECTER
S'ABONNER
RETRONEWS
Le site de presse de la BnF
Au quotidien
Par époque
RECHERCHE AVANCÉE
Rechercher parmi 3 siècles de presse en ligne
VICTOR HUGO
BORDEAUX
NAPOLÉON
LAMARTINE
BASTILLE

RETRONEWS
Le site de presse de la BnF
www.retronews.fr

ANNALES

DES

ARTS ET MANUFACTURES.

Tome 35. N° 105. — 31 Mars 1810.

HYALURGIE.

Observations sur l'Art de la Verrerie , pour servir à l'explication de quelques phénomènes que présente la fabrication du verre , et pour diriger l'application qu'on en peut faire à de nouveaux produits.

La classe des sciences physiques et mathématiques de l'Institut a entendu , les 29 janvier et 5 février 1810, les observations suivantes de M. Guyton-Morveau.

« L'art de la verrerie, l'un des plus anciens, puisqu'il existe des monumens qui attestent qu'il fut pratiqué par les Phéniciens, ne fut néanmoins long-temps, comme la plupart des autres arts industriels, que la tradition des procédés qui avaient le plus constamment

35.　　　　　　　　　　　　15

réussi. On sent aujourd'hui la nécessité d'y réunir les principes dont l'application a successivement dévoilé les conditions essentielles des opérations, augmenté les produits, amélioré les résultats, et qui peuvent encore présenter des vues nouvelles d'économie ou de perfection.

Tel fut l'objet que se proposa, en 1791, M. Loysel dans l'essai qu'il présenta à l'académie des sciences, et qui, sous ce titre modeste, a laissé loin derrière lui les ouvrages de Néry, Merret, Kunckel, Haudiquert de Blancourt et autres, qui ont écrit sur ce sujet.

Plus récemment encore, le travail entrepris par M. D'Artigues nous fait espérer un traité qui embrassera toutes les parties de cet art, pour les mettre au courant des connaissances acquises.

Les deux mémoires que M. D'Artigues a déjà communiqués à la classe ont ramené mon attention sur quelques faits notés dans mes recueils, et qui m'ont paru avoir des rapports assez intimes avec les phénomènes les plus importans que présentent les opérations de cet art, pour n'être pas laissés dans l'oubli : je vais les exposer succinctement, avec les réflexions qui peuvent servir à en éclaircir la théorie.

Ces observations auront principalement pour objets :

1° La séparation des verres de différente densité par liquation ;

2° Les résultats d'essais de recuit de grandes masses dans des creusets-moules ;

3° La colorisation du verre en rouge par le cuivre, et dans les cémens ;

4° L'altération que le verre éprouve par une chaleur long-temps continuée ;

5° La comparaison de cette altération par le feu de nos fourneaux et par celui des volcans ;

6° Enfin, l'examen de ce qui constitue réellement la différence du verre transparent et du verre dévitrifié.

1° *Séparation des verres de différente densité par liquation.*

En 1776, j'accompagnai M. de Buffon à la manufacture de glaces existant à Rouelle, près de Langres, sous la direction de M. Allut, à qui l'on doit l'article Glacerie de l'Encyclopédie. Il se proposait d'y faire des essais pour la fabrication d'une masse de flint-glass propre à la construction de la lentille à échelons, dé-

crite dans le tome Ier de ses supplémens. Je ne
parlerai pas des divers procédés mis en œuvre,
et des difficultés qui obligèrent de renoncer à
l'espérance de l'obtenir d'une seule pièce et
d'une épaisseur suffisante ; je ne m'occuperai
ici que du résultat très - extraordinaire d'une
opération dont j'ai été témoin, et que j'ai cru
pouvoir comparer à celle qui porte en métal-
lurgie le nom de liquation.

On venait de couler sur la table de cuivre, à
une épaisseur de 37 millimètres (16 lignes),
une masse de composition de flint-glass. La
composition était de 32 parties de crystal de
Madagascar, pulvérisé ; 32 de minium ; 16 de
soude, et 1 de nitre. *Elémens de Chimie de
Dijon, tom. I, page* 179.

Il restait dans le creuset une portion de ce
verre, de la hauteur de trois à quatre doigts ;
on imagina qu'en le rechargeant de la composition ordinaire, la glace qu'on en obtiendrait
serait d'autant plus belle, qu'elle tiendrait plus
de la qualité du flint - glass. Le verre affiné,
tréjeté dans la cuvette, et versé sur la table,
à l'épaisseur de 3 lignes (6 à 7 millimètres),
fut mis au recuit dans la cargaise. Dès qu'elle
en fut tirée, on s'empressa d'en juger la qualité ; mais on fut bien étonné de trouver à la

coupe, au-lieu d'une seule glace, deux lames très-distinctes, et dont la ligne de séparation était parfaitement tranchée et s'étendait dans toute la masse, la lame inférieure formant environ le tiers de l'épaisseur. J'en rapportai un morceau que jai fait voir dans les cours publics de l'académie de Dijon, et qui a été déposé dans son cabinet.

Il était déjà bien connu que les verres dans la composition desquels l'oxide de plomb entre en quantité considérable, donnent difficilement une masse parfaitement homogène, parce que les parties les plus denses ne sont pas retenues par une affinité capable de produire l'équipondérance; et de là vient la difficulté d'obtenir du flint-glass exempt de stries. Mais une précipitation aussi rapide et aussi complète est un exemple unique, dépendant d'une réunion de circonstances que l'on ne peut guère se flatter de reproduire.

On ne peut douter, d'après cela, que les stries, dont les verres chargés d'oxide de plomb sont si rarement exempts, ne proviennent d'un commencement de liquation. La direction horizontale de ces stries le démontre, puisqu'on ne les aperçoit bien distinctement que quand la lumière arrive à l'œil dans un sens parallèle aux zônes d'inégale densité. Je conserve un morceau de flint-glass également fabriqué sous mes yeux, portant 3 centimètres (13 lignes) d'épaisseur, que l'on jugerait de la qualité la plus parfaite si l'on n'en était prévenu, parce que la tranche est simplement doucie.

2° *Essais de creuset-moule pour le recuit des grandes masses de verre.*

Dans le nombre des essais faits pour ce même objet à la manufacture de glaces de Rouelle, on employa d'abord une pierre calcaire dure, taillée en forme de creuset circulaire, imaginant que lorsqu'elle aurait été convertie en chaux par un feu gradué, et sans se déformer, elle pourrait tenir le verre affiné, de manière qu'en margeant exactement le fond, la matière y éprouverait, comme dans la cargaise, le refroidissement lent qui constitue le recuit. On n'obtint qu'une masse criblée de grosses bulles et boursoufflée à sa surface.

On essaya dans les mêmes vues un creuset-moule fait avec la meilleure argile à pots, cuit au dernier degré. Le verre s'y affina parfaitement ; il conserva dans le recuit toute son homogénéité ; mais la masse, ayant 7 centim. (30 lig.) d'épaisseur et 1 20 (44 pou.) de diamètre, se trouva partagée par des fissures allant du centre à la circonférence, car l'adhérence du verre aux parois du creuset avait empêché qu'il ne prît sa retraite sur lui-même, et l'argile, portée à ce degré de cuisson, n'est pas susceptible d'une aussi grande diminution de volume par le refroidissement. Je conserve une portion de cette masse, taillée en forme de serre-papier, dont la transparence est remarquable sur une aussi grande épaisseur, quoique la composition n'eût pas été préparée pour en éteindre la couleur.

3° *Verre coloré en rouge par le cuivre.*

On n'était parvenu jusqu'à présent à colorer le verre en rouge, soit pour les vitraux d'église, soit pour imiter les pierres précieuses, qu'en combinant en diverses proportions, suivant les nuances que l'on desirait, l'oxide d'or par l'étain, l'oxide de manganèse et le sulfure d'antimoine : telles sont les compositions indiquées par Fontanieu, et dans l'Essai sur la Verrerie, de M. Loysel.

Clouet a donné un procédé différent dans

ses Recherches sur la composition des émaux, dont il a bien voulu me communiquer le manuscrit il y a quelques années, et que j'ai publiées dans le cahier des Annales de chimie du mois de mai 1800. Son procédé consiste à fixer la couleur de l'oxide rouge de fer, en calcinant un mélange de sulfate de fer et de sulfate d'alumine ; mais il annonce précisément qu'on n'a pas d'oxide métallique qui donne directement un rouge fondu... ; qu'il faut composer cette couleur de différentes matières.... ; qu'il serait utile de multiplier les expériences sur les nouveaux métaux qui fourniraient peut-être le rouge, qui n'est produit ni directement, ni facilement par aucune des substances métalliques anciennement connues. Il ne parle en effet de l'oxide de cuivre, que dans la préparation de l'émail vert ; et quoiqu'il en ait obtenu quelquefois un assez beau rouge, sur-tout en y mêlant l'oxide de fer, il avertit que cette couleur est très-fugace, et disparaît, souvent même pendant le travail du verre.

Un accident arrivé en 1783, à la glacerie de Saint-Gobin, m'a paru déterminer les circonstances dans lesquelles on peut espérer de fixer dans le verre la couleur de l'oxide rouge de cuivre ; et une expérience directe, faite au laboratoire de l'école polytechnique, vient à l'appui de cette conjecture.

On sait qu'il est d'usage dans les glaceries, lorsque le verre est affiné, de le transvaser du creuset dans une cuvette que l'on tire ensuite du four pour couler sur la table, c'est ce qu'on appelle tréjeter. Cette opération s'exécute avec des cuillers de cuivre emmanchés de fer, et que l'on a l'attention de plonger dans l'eau lorsqu'elles commencent à s'échauffer. Un ouvrier ayant négligé cette précaution, ne retira que partie de la cuiller ; on imagina que la portion fondue se précipiterait en état de métal au fond du creuset, et s'y conserverait de même que sous un flux vitreux ; la coulée et le recuit se firent comme à l'ordinaire, et l'on fut extrêmement surpris de voir que la glace, indépendamment de quelques grains métalliques qui s'y trouvaient comme enchatonnés, présentait des bandes colorées assez uniformément d'un rouge très-vif. Je mets sous les yeux de la classe une portion de cette glace polie d'un côté, de 17 centimètres (6 pouces) de longueur, sur 12 (4 pouces et demi) de largeur, et de 7 millimètres (3 lig.) d'épaisseur.

Il n'est pas possible de douter que cette couleur ne soit due au cuivre porté subitement au degré d'oxidation qui lui donne cette propriété, et fixé en cet état par sa diffusion dans la masse vitreuse; mais serait-on sûr de reproduire les mêmes circonstances, et quels seraient les procédés ? C'est sur quoi j'ai voulu consulter l'expérience.

On a pris du verre de glace pulvérisé, on l'a mêlé avec 3 pour 100 de cuivre en limaille, et après avoir poussé ce mélange à fusion parfaite, on a trouvé un verre sans couleur, et le cuivre en globules métalliques.

L'expérience a été répétée avec du verre de gobeletterie et 6 pour 100 de limaille de cuivre; on a obtenu une masse vitreuse bien fondue, d'une couleur rouge très-égale, mais tellement foncée, qu'elle paraissait plutôt à l'état d'émail qu'à l'état de verre. On distinguait à la surface une croûte moins compacte, approchant de la nature des scories, d'un brun tirant un peu au noir.

Les mélanges de verre et de cuivre à l'état d'oxide, même le moins avancé, n'ont donné qu'une nuance verdâtre, et une partie du cuivre était réduit.

Ces résultats, en même temps qu'ils annoncent la possibilité de produire un verre

rouge avec le cuivre, confirment l'opinion de
Clouet sur la difficulté de rendre cette couleur fixe au feu. Mais pourquoi le verre de
glace n'a-t-il donné que du cuivre réduit,
tandis que le verre de gobeletterie a donné un
oxide vitreux ? Il me semble qu'il serait difficile d'en rendre raison, en supposant que le
dernier contenait quelque substance oxigé-
nante ; mais elle se présente naturellement
lorsque l'on considère que la composition beaucoup plus fusible du premier a décidé la fonte
du métal, et l'a soustrait ainsi à l'action de
l'air avant que la température ait été assez
élevée pour la rendre efficace.

Je n'ai pas besoin de remarquer que cette
explication n'est pas en contradiction avec le
phénomène que j'ai précédemment décrit,
puisque la cuiller n'avait passé à l'état d'oxide
vitreux dans le verre de glace qu'après avoir
subi, simultanément et à plusieurs reprises,
l'action de l'air et de la température du four.

M. Darcet a fait plusieurs essais de colorisation du verre par les cimens chargés
d'oxides métalliques colorans; il y a employé
en différentes proportions et en différens états :
le fer, le cuivre, le cobalt et le manganèse. Le
fer n'y a laissé qu'une couleur pâle. Le cobalt

et le manganèse n'ont coloré que les cémens. Dans celui qui était chargé de cuivre, résidu de la distillation de l'acétate de cuivre, le verre dévitrifié était, à sa surface, d'un vert foncé, dont l'intensité s'affaiblissait en descendant vers le centre, qui avait pris une nuance rougeâtre. Une plaque de verre, coloré par le cobalt, ayant été placée dans le cément ordinaire avec une capsule de verre blanc, et exposée à une chaleur de 5o degr. de Wedgwood, une partie de la capsule s'est trouvée colorée en bleu, sans avoir éprouvé de fusion, les surfaces seulement dépolies et un peu ratinées ; ce qui s'explique très-bien par la propriété connue de cet oxide métallique de se vaporiser à un très-haut degré de chaleur.

4° *De l'altération que le verre éprouve par l'action d'une grande chaleur long - temps continuée.*

Le mémoire intéressant de M. d'Artigues, sur la dévitrification du verre, a ramené les opinions vers la véritable cause de ce phénomène, trop long-temps regardé comme le produit d'une cémentation, suivant les procédés de Réaumur. Quelques faits, que j'ai recueillis depuis long-temps peuvent fournir d'utiles développemens à l'explication qu'il en a donnée.

En 1782, un fabricant de porcelaine de Lunéville, M. Ciflé, m'envoya plusieurs échantillons de verres de différente qualité, rendus opaques par l'action long-temps continuée de la chaleur, sans qu'ils fussent environnés du mélange de gypse et de sable, à la manière de Réaumur. Les cinq morceaux que je mets sous les yeux de la classe faisaient partie de cet envoi, et portent encore les étiquettes qu'il y avait attachées.

Le n° 1er est un fragment de verre à vitre commun, de treize centimètres sur dix (cinq pouces sur quatre), exposé au grand feu de porcelaine, sans aucun cément, devenu absolument opaque, et très-blanc, sans se déformer, et ayant acquis beaucoup plus de dureté et de solidité.

Le n° 2, du même verre à vitre, exposé dans le même fourneau, et touché par la flamme, est pareillement devenu opaque, et d'un beau blanc dans la cassure ; la surface a seulement pris un coup-d'œil jaunâtre.

Le n° 3 est un fragment de verre de bouteille, tenu au feu dans la poussière de charbon , également devenu opaque , d'un beau blanc dans l'intérieur, ayant pris dans toute la surface une couverte uniforme et brillante , d'un brun noir.

Le n° 4 est un fragment de bouteille qui a subi la chaleur du four à porcelaine , entouré de suie pulvérisée, qui a pris une couverte d'un bistre foncé , l'intérieur complètement dévitrifié et également blanc.

Le n° 5 est un fond de bouteille exposé au feu le plus violent, sans avoir été environné d'aucune matière , qui est devenu blanc et opaque dans toute son épaisseur.

A l'époque de ces essais de M. Cifflé , et même quelques années auparavant, James Keir avait déjà annoncé que le verre pouvait être rendu opaque par un recuit prolongé, sans employer aucun cément ; que, dans cet état, il avait plus de densité, et était moins susceptible de se briser par le passage subit du froid au chaud , et réciproquement. Cette dernière propriété avait aussi été constatée par les expériences de M. Cifflé , au point qu'il n'hésitait pas de regarder le verre, ainsi altéré, comme la matière la plus propre à donner à la chimie des vaisseaux à-la-fois réfractaires , et non sujets à éclater.

M. Keir, après avoir décrit ces phénomènes, en indiquait la cause dans la crystallisation de la matière vitreuse ; opinion que fait naître naturellement l'aspect de la cassure du verre ainsi rendu opaque, qui, au lieu d'être écailleuse comme celle du verre transparent, présente, sinon des facettes, au moins des stries parallèles très-prononcées.

Les observations de M. d'Artigues appuient fortement cette explication ; je possède moi-même une masse de verre, trouvée il y a cinq ans dans le fond d'un creuset, à la manufacture de Saint-Gobin, qui paraît faite pour en fournir la démonstration, puisque, même à l'œil, on peut distinguer des prismes s'élançant de la croûte dévitrifiée qui en forme la surface, et dont l'épaisseur est de deux à trois millimètres. (4 à 6 lignes)

Est-il vrai cependant que tous ces changemens ne soient que l'effet d'une crystallisation ; et peut-on admettre, avec M. d'Artigues, qu'il s'opère une précipitation dans toute la masse, chacun des composans obéissant en même temps aux lois de l'affinité ? Avant d'aborder ces questions, je réunirai encore quelques faits résultant des expériences faites à ce sujet par M. Darcet, et dont les conséquences se placeront naturellement dans cette discussion.

Parmi les échantillons qu'il m'a remis, au nombre de dix, provenant de ces expériences, on trouve, sous le n° 1er, un morceau de verre à bouteille qui a été exposé pendant trois jours à une chaleur de 50° de Wedgwood, dans le cément de Réaumur. La dévitrification est complète ; il a pris intérieurement une teinte rosâtre ; la cassure présente jusqu'au centre des stries disposées en étoiles ; il ne donne point de signes d'électricité par frottement ; il entame le crystal de roche plutôt qu'il n'en est entamé ; le corindon n'y laisse qu'une trace à peine sensible à la loupe.

Le n° 2, exposé au même feu, dans le même cément, et pendant le même temps, a pris à peine une croûte terreuse, qui se laisse rayer par le crystal de roche ; l'intérieur est resté en nature de verre verdâtre, transparent, formant géode par la retraite que la matière a prise en adhérant à la croûte : ce verre tenait de l'oxide de plomb.

Sous le n° 3, sont deux pierres artificielles, gravées en creux : elles ont été formées de verre à bouteille, moulé d'abord au fourneau de coupelle, sur une empreinte prise avec le tripoli,

puis dévitrifiées à une chaleur de 51° de Wedgwood. Elles ne sont pas électriques par frottement, même sur les faces polies ; leur pesanteur spécifique est 2'801. Le corindon y laisse
à peine une trace visible. Cette dureté, telle
qu'elle les rend capables de supporter l'opération du clichage, et la pureté avec laquelle les
empreintes que l'on en tire retracent l'antique,
ont fait passer les produits de ces essais dans les
arts de luxe, non-seulement pour les pierres
gravées en creux, mais encore pour des camées,
dont on est parvenu à colorer diversement les
fonds et les reliefs, en superposant des couches
de verre de composition différente pour imiter
les onyx, et qui ont reçu ensuite de la dévitrification la dureté qui fait le principal caractère
des pierres fines. Je n'en dirai pas davantage
sur ce nouvel art, dont il est aisé de prévoir
que l'industrie perfectionnera les procédés et
multipliera les applications.

Le n° 4 est une portion de ballon du même
verre, coupé pour servir de capsule, et ensuite
dévitrifiée, dans le cément de Réaumur à
50 degrés pyrométriques. Les fragmens qui y
sont joints, venant d'une capsule semblable,
font voir la cassure striée. Le corindon y laisse
une trace à peine visible ; ils ne sont pas sensi-

blement électriques par frottement. Au reste, ces morceaux peuvent être rougis sur les charbons, et jetés immédiatement dans l'eau, sans rien perdre de leur solidité ; j'en ai tenu dans l'acide sulfurique, au plus grand feu, qui en sont sortis sans la moindre altération, et sans perte de poids.

Le n° 5 est remarquable par les différences qu'il présente. Il a outre la cassure vitreuse, une transludicité marquée sur les bords ; il s'électrise par frottement ; il est rayé par le silex. Il ne diffère ainsi du verre à bouteille que par le ton d'émail ou de porcelaine d'un blanc grisâtre qu'il a pris en perdant sa transparence ; mais ces différences s'expliquent par celles du procédé employé à cet essai, dont l'objet était de connaître ce qu'on pourrait obtenir par le seul refroidissement lent. Il est évident que la chaleur n'a pas été portée à un assez haut degré, ou qu'elle n'a pas été continuée le temps nécessaire pour achever la dévitrification.

Les n°ˢ 6, 7 et 9 sont les résultats des essais de dévitrification de fragmens de vitraux d'église, colorés en rouge par l'oxide d'or, et en bleu par l'oxide de cobalt. Les deux premiers, en perdant leur transparence, ont pris une teinte pourpre : mais celui dans la composition duquel il était entré du plomb avait peu de consistance ; il était intérieurement bouillonné et comme spongieux , tandis que dans le second la dévitrification avait suivi la marche ordinaire et régulière par les deux surfaces , ne laissant au milieu qu'un reste de matière encore vitreuse , qu'une plus longue exposition au feu eût fait disparaître. Celui-ci donne quelques signes d'électricité par frottement ; ils se laissent entamer par le crystal de roche.

Le fragment, coloré par le cobalt, a annoncé, par l'aspect encore un peu vitreux de sa cassure, que la dévitrification était avancée ; cependant il avait perdu toute transparence ; la couleur bleue, quoique fondue dans la masse, était beaucoup plus intense à la surface. Il était encore faiblement isolateur ; sa dureté était telle, que le corindon y faisait à peine une impression sensible.

Le n° 8 se fait remarquer comme une nouvelle preuve que la dévitrification commence toujours par les surfaces , et s'avance par degrés jusqu'au centre, lorsque la chaleur est continuée assez long-temps. Ce morceau ressemble a une petite géode dont la croûte, entiè-

rement dévitrifiée, enferme un reste de matière en état de verre parfait. Nous verrons
que ces accidens se retrouvent également dans
les dévitrifications par le feu des volcans.

Le n° 10 nous présente un dernier résultat
encore plus intéressant. C'est un essai de pierres
artificielles, gravées en creux, non moulées
cette fois en état de verre, pour passer ensuite
à la dévitrification, mais dont la matière avait
été dévitrifiée avant d'être placée sur le moule
pour en recevoir l'empreinte. La fusion a donné
une masse très-homogène, d'un gris obscur,
qui retraçait, quoique imparfaitement, le relief
sur lequel elle avait coulé, mais dont la cassure absolument vitreuse, et la translucidité
sur les bords, annonçait clairement le retour à
l'état de verre, tel qu'il pouvait l'être dans les
proportions de sa composition actuelle.

D'après ces caractères, je ne tardai pas à
soupçonner qu'il devait y avoir un changement
correspondant dans les pesanteurs spécifiques,
c'est ce que l'expérience a pleinement confirmé; celle de la masse, ainsi reportée à l'état
vitreux, n'était plus que de 2'625, tandis que
celle du même verre, complètement dévitrifié,
s'élève constamment de 2'770 à 2'801.

M. d'Artigues a bien observé que le verre

dévitrifié devenait moins mauvais conducteur du calorique et de l'électricité. Nous avons vu qu'en effet plusieurs des fragmens de différens verres, portés à cet état, ne donnaient plus aucun signe d'électricité par frottement. S'il était possible de douter que cette propriété tient plus essentiellement à la nature des parties constituantes qu'au mode de leur arrangement, on serait forcé de revenir à ce principe par le résultat de l'expérience dans laquelle du verre dévitrifié, restitué à son premier état par la refonte sans addition, en ayant repris la densité originelle, la cassure et tous les caractères (à la transparence près qui ne s'est manifestée que sur les bords), n'a pas montré plus de disposition qu'auparavant à s'électriser par frottement.

Tous les produits de dévitrification dont j'ai jusqu'ici fait mention concourent à établir qu'elle commence toujours par les surfaces, et ce fait est assez important pour que l'on recherche la vraie cause des accidens qui pourraient fonder des objections contre ce principe.

Y a-t-il réellement des exemples d'une dévitrification opérée à l'intérieur, ou entre deux couches de verre non altéré ? Un plateau, qui m'a été remis par M. Darcet, venant de la verrerie de Prémontré, parait, au premier coup-d'œil, en démontrer la possibilité. La partie complètement dévitrifiée forme une couche très-blanche, absolument opaque, de cinq à six millimètres d'épaisseur entre deux couches un peu plus épaisses de verre vert, ayant conservé toute sa transparence, et présentant la cassure vitreuse très-prononcée en opposition à la cassure striée de la partie dévitrifiée.

Mais en examinant cette masse avec soin, on s'aperçoit bientôt qu'elle ne s'est pas refroidie en repos, et qu'une portion du verre, qui était encore fluide au - dessous de la couche superficielle devenue opaque et plus réfractaire, a été reportée au-dessus par le mouvement imprimé au creuset, lors du travail pour le tirer du four. Le rapprochement d'un autre plateau du même verre, dans lequel on ne trouve plus que les deux couches dans leur ordre naturel, ne me paraît laisser aucun doute sur la vérité de cette explication.

5° *Dévitrification du verre par le feu des volcans.*

On connaît le système que s'était formé le célèbre Dolomieu, que les feux des volcans

n'agissaient pas comme les feux de nos fourneaux ; que quoiqu'ils produisissent des effets
prodigieux , ils n'avaient pas une bien grande
activité , que la fluidité qu'ils procuraient
n'était point celle des matières qui se vitri-
fient ; enfin que les matières , même les plus
fusibles , renfermées dans le corps des roches,
pouvaient avoir coulé en torrens enflammés
sans avoir reçu d'altération sensible.

Il crut en avoir trouvé une preuve dans
l'état où les pièces de verrerie avaient été ré-
duites lors de la terrible éruption qui , en
1794 , couvrit Torre del Greco. Ces verre-
ries , dont on reconnaissait encore la forme ,
étaient devenues d'un blanc opaque. Cette
altération s'étendait quelquefois dans toute
l'épaisseur , quelquefois laissait le verre encore intact, avec sa couleur et sa transparence,
entre les deux croûtes opaques. Dolomieu mit
sous les yeux de la classe plusieurs échantillons de ces vases trouvés dans les fouilles
della Torre. Il eut la complaisance de m'en
remettre des morceaux , dont quelques-uns
portent le cachet d'une scorie volcanique adhérente ; je lui promis en échange plusieurs
fragmens , dans lesquels il reconnaîtrait les
mêmes altérations et les mêmes progrès

de dévitrification, trouvés dans un four à
étendre, ou, comme il arrive trop souvent
pour le bénéfice du fabricant, les verres cassés
sont relevés sur les côtés, pour y rester jusqu'à ce que le travail cesse, ou que leur quantité oblige de le suspendre afin d'en vider le
four.

Dolomieu les ayant vus dans ma collection,
avec M. le professeur Psaff, de Kiel, qui se
trouvait alors à Paris, avoua franchement
n'avoir aucune objection à faire contre l'iden-
tité des effets du feu de verrerie, et du feu qui
avait agi sur les vases trouvés dans les fouilles
della Torre ; il en choisit quelques morceaux
pour les placer dans son cabinet.

Le fait qui nous autorise à assimiler, pour
ses effets, à égale intensité, le feu des volcans
et celui de nos fourneaux, est appuyé par des
expériences qui m'ont été communiquées par
M. Darcet, et qui sont également intéressantes
par les vues d'application qu'elles fournissent, et
par les conséquences que l'on en peut tirer
pour l'explication de la formation des basaltes.

On sait que les basaltes se fondent à une
chaleur d'environ 60° du pyromètre de Wedgwood ; et, comme Hall l'a très-bien remar-
qué, le produit de cette fusion est un verre qui

a tous les caractères , toutes les propriétés du verre de volcan : j'en ai moi-même obtenu en masse assez considérable, des prismes basalti- ques du volcan éteint de Drevin, qui, après l'opé- ration ne pouvait plus être distingué ni du verre que donne la fusion de la roche cornéenne , pierre de touche, ni de la lave vitreuse obsi- dienne.

C'est sur le verre même de volcan , que M. Darcet a essayé les procédés de la dévi- trification ; il y a soumis des morceaux de quinze à seize centimètres cubes , de 2 775 à 2 784 de pesanteur spécifique, et il a observé qu'ils se dévitrifiaient complètement au feu du fourneau de coupelle ; que si la chaleur était portée seulement à cinquante degrés de Wedg- wood, une partie qui s'était d'abord dévitrifiée repassait à l'état de verre.

Je n'ai pas besoin de faire remarquer la conformité de ces résultats avec ceux que Hall a obtenus par le refroidissement lent du ba- salte qu'il avait d'abord converti en verre, et sur lesquels il a fondé principalement son opi- nion que les basaltes avaient été primitivement en état de fusion vitreuse.

Le verre de volcan, ainsi ramené à l'état de lave lithoïde très-compacte et d'un grain

très-fin, a engagé M. Darcet à en faire polir
pour servir de pierres de touche, et les essais
qui en ont été faits ne laissent aucun doute
qu'elles pourront remplacer celles qui se trouvent naturellement de la meilleure qualité, et
qui deviennent très-rares.

6° *Examen de ce qui constitue réellement la*
différence du verre transparent et du verre
dévitrifié.

Les faits que je viens d'exposer peuvent-ils
s'expliquer par la simple crystallisation, ou
pour mieux dire, peuvent-ils se concilier avec
les effets connus de ce passage des corps à
l'état concret régulier, et avec l'hypothèse
d'une précipitation simultanée de quelques-
uns de leurs élémens fixes ? C'est ce qu'il me
reste à examiner.

Remarquons d'abord que s'il y avait en
même temps crystallisation et précipitation, la
masse opaque qui en résulterait ne serait plus
du verre crystallisé, mais le produit de sa
décomposition.

En second lieu, s'il y avait réellement séparation de quelques-uns des ingrédiens de la
pâte du verre, ils devraient après cela offrir,

du moins en quelques points, l'aspect des couleurs, le degré de dureté et les autres caractères qui leur sont propres ; c'est ce dont on n'apperçoit aucun indice.

Remarquons enfin que dans cette supposition, l'état de combinaison ayant cessé, les parties abandonnées devraient être immédiatement rendues à l'action chimique de leurs dissolvans ; et il est constant que le verre dévitrifié ne se laisse rien enlever, même par les acides les plus puissans, aidés de la chaleur de l'ébullition. Il faut donc reconnaître que l'union subsiste, et même qu'elle est plus intime, puisque c'est là ce qui constitue les corps les plus homogènes, les plus solides, les plus durs, les plus propres à résister à la fusion et à la dissolution.

Suivant M. d'Artigues, le verre dévitrifié redevient fusible, lorsqu'en le réduisant en poudre on en remet en contact les matières qui s'étaient séparées, et qui doivent réciproquement se servir de fondans. J'ai pensé que c'était à l'expérience à prononcer si cette fusion pouvait rétablir le verre avec sa transparence et ses autres propriétés caractéristiques.

J'ai pris un fragment du n° 1er de M. Cifflé, c'est-à-dire d'un carreau de vitre dévitrifié

sans aucun cément, resté blanc, tout-à-fait
opaque, et d'une solidité extraordinaire mal-
gré son peu d'épaisseur. Après l'avoir réduit
en poudre, j'en ai mis sept grammes dans un
creuset de platine couvert, et j'ai porté le feu
à 160 degrés de Wedgwood. Je n'ai eu qu'une
masse assez bien fondue, mais blanche, tirant
faiblement au verdâtre, ayant à peine quelque apparence de translucidité sur les bords,
très-unie à la surface, criblée en dessous de
petites cavités provenant du bouillonnement.
Il y a eu perte de poids de cinquante-neuf
milligrammes, ou d'un peu plus de huit millièmes.

Il devenait intéressant d'examiner quels
changemens la refonte opérait sur le verre de
glace, dans lequel la saturation réciproque
de la silice et des fondans est communément
plus exacte, et sur-tout s'il y aurait aussi diminution de poids. J'ai mis dans un creuset
de platine soixante-deux grammes de glace
de S.-Gobin pulvérisée, et je l'ai tenue pendant trois heures et demie à une chaleur de
48 degrés de Wedgwood. J'ai obtenu une
masse parfaitement fondue, dont la surface
ratinée, suivant l'expression des verriers, annonçait un faible commencement de dévitri-

fication (1), qui avait un œil jaunâtre et un peu plus de dureté que l'intérieur, altérations que M. d'Artigues avait déjà observées dens les verres qui, à raison d'une composition plus simple et d'une combinaison plus parfaite, résistent beaucoup plus à l'action continuée de la chaleur. Le grand nombre de bulles qui s'étaient formées dans la partie inférieure, ne m'a pas permis d'en déterminer avec exactitude la pesanteur spécifique; mais il y a eu diminution de poids de deux décigrammes ou d'un peu plus de trois millièmes, sans qu'aucune circonstance de l'opération ait pu faire naître le soupçon qu'elle eût d'autre cause que la déperdition de pareille quantité de matière (2).

---

(1) Cette surface, vue à la loupe, présente une immense quantité de petites fissures, qui forment, par leur entrecroisement, des coupes de prismes à côtés inégaux. En faisant passer la lumière par les deux cassures opposées sur les côtés, on aperçoit, sous la croûte supérieure, des rudimens de crystallisation, qui signalent encore les premiers effets de la dévitrification.

(2) M. Darcet a quelquefois trouvé le poids des cubes de verre qu'il avait soumis à la dévitrification, augmenté de cinq milligrammes sur deux grammes, mais il opérait dans un cément; il en eût été de même infailliblement des

A ces raisons déjà si puissantes pour rejeter l'hypothèse, soit d'une simple modification de structure, soit de précipitation de partie des composans, ajoutons les deux grands caractères que produit la dévitrification, l'augmentation de dureté et la diminution de volume.

Dans le nombre des produits de dévitrification que j'ai mis sous les yeux de la classe, il s'en trouve beaucoup qui ne se laissent pas entamer, comme je l'ai fait remarquer, par le crystal de roche ; il y en a sur lesquels le corindon laisse à peine une trace visible à la loupe ; le n° 5 de M. Cifflé raie le crystal de roche comme le ferait l'aigue-marine.

La densité que le verre acquiert dans cette opération, est encore plus frappante, quoi qu'elle ne soit comme la dureté, que l'effet d'une force plus puissante d'agrégation. Tous les morceaux dont j'ai pu comparer les pesanteurs spécifiques avant et après la dévitrification, ont donné une différence en plus de 16 à

---

pièces n°ˢ 3 et 4 de M. Cifflé, qui, comme on l'a vu, en sont sorties avec des couvertes. On n'en peut rien conclure contre les deux expériences que je viens de rapporter, faites sans cément dans des creusets de platine.

18 millièmes. M. Darcet a fait tailler deux cubes de verre à bouteille de la verrerie de la Garre, pour en déterminer le volume avant et après la dévitrification, par le moyen de l'échelle du pyromètre de Wedgwood. L'un s'est avancé de 17 degrés, l'autre de 11 ; ce qui donne pour le premier le rapport de 1000 à 909, et pour le second, de 1000 à 952. Le verre étant pris dans la même masse, et par conséquent de même qualité, la différence de ces deux résultats ne peut être attribuée qu'à une portion du cément, plus ou moins considérable, restée adhérente à la surface de ces cubes, qui, néanmoins à toujours été loin de compenser la réduction du volume primitif : ce qui est d'ailleurs prouvé par la couleur que prennent à leur surface les pièces dévitrifiées dans le cément de Réaumur ; couleur qui les pénètre souvent à quelque profondeur, et qui ne peut venir que des parties métalliques que contenait le sulfate de chaux employé.

Je crois donc pouvoir conclure que les caractères et les propriétés qui distinguent le verre transparent du verre dévitrifié ne sont pas uniquement le produit de la crystallisation, ni des mêmes molécules intégrantes, ni de quelques-uns de ces élémens qui formeraient une com-

binaison nouvelle, les autres étant séparés par
précipitation : mais qu'il y a réellement changement de proportion, de composition par la
volatilisation d'une portion quelconque de matière. Ce n'est pas quand les progrès de l'analyse
chimique nous avertissent tous les jours que
moins d'un millième de substance ajoutée ou
soustraite dans une composition y produit
des changemens de propriétés notables, que
l'on peut admettre l'explication de tant de
propriétés et de caractères si frappans par
un simple mode de structure. »

DISTILLATION.

Description d'un appareil simple et commode pour distiller le phosphore, et d'un autre pour mouler.

En parlant du phosphore, dit M. Baget, pharmacien de Paris, auteur de ce mémoire, je n'ai pas la prétention de vouloir traiter du meilleur moyen de le préparer ; les ouvrages de chimie en offrent plusieurs auxquels leurs auteurs ont reconnu successivement des avantages ; mais la pratique m'a fait adopter la préparation décrite dans le manuel de chimie de M. Bouillon-Lagrange (4ᵉ édition) ; c'est celle que je suis dans toutes mes opérations. Ici mon but est d'indiquer, d'une manière précise et exacte, les inconvéniens qui résultent de l'emploi du récipient en cuivre, proposé par M. Pelletier, dont on se sert dans tous les laboratoires, et de l'appareil à mouler le phosphore, nouvellement proposé par M. Destouches, dont j'ai voulu me servir, et qui n'a nullement répondu à mon attente.

35.

17

Me trouvant à même journellement de fabriquer une grande quantité de phosphore, j'ai dû nécessairement remédier aux procédés qui m'ont paru défectueux, non-seulement pour servir mes intérêts, mais encore pour contribuer, par mes observations, aux progrès de la chimie. En montrant tous les phénomènes que présente cette opération, depuis le commencement jusqu'à la fin, je ferai jouir le chimiste attentif du plaisir de pouvoir sans peine observer toutes les anomalies qui se passent dans le récipient à différentes époques. Il suivra les variations de l'obscurcissement de l'eau, et des teintes qu'elle prend, soit lorsqu'elle s'éclaircit, soit lorsqu'elle se trouble de nouveau pour redevenir claire, quand vers la fin de l'opération le phosphore léger se précipite avec le soufre qu'il contient. Outre ces avantages, j'offre à l'observateur des moyens sûrs d'analyser, sans l'intermède de l'appareil hydro-pneumatique, les différens gaz qui se dégagent; de juger, par l'inspection de ceux qui se brûlent continuellement, et de la flamme qu'ils produisent, les degrés de feu nécessaires; de reconnaître les instans où quelque accident arrive à la cornue, et le moment assuré où il faut arrêter le feu, lorsque l'opération, tendant à sa fin, ne produirait pas en résultat une valeur suffisante pour couvrir la dépense qu'occasionnerait le combustible.

J'ai pensé aussi qu'on serait bien aise de connaître le moyen prompt et sûr de mouler le phosphore, que j'emploie et que j'ai substitué à celui de M. Destouches. On verra quel avantage je retire du récipient de verre que je substitue à celui de cuivre dont on se sert habituellement.

Il est inutile de m'étendre sur les moyens qui conduisent à l'extraction de l'acide phosphorique des os, de son évaporation, de son mélange avec le charbon, et de la dessication.

La matière préparée, j'en emplis une cornue de grès lutée avec un mélange de terre jaune, de crotin de cheval frais, et de chaux éteinte à l'air; je place, dans un fourneau de réverbère, la cornue dont les supports sont en briques; alors je recouvre le fourneau de son dôme en terre, surmonté de cent trente-deux centimètres (quatre pieds) de tuyaux de tôle; je garnis le passage de la cornue avec de la terre jaune bien battue; j'ajuste au col une alonge de cuivre qui passe à travers un bouchon de liége avant d'entrer dans un récipient de verre, que je place par précaution dans une cuvette de faïence. J'adapte au liége qui bouche le récipient un tube de verre de seize millimètres (sept lignes) de diamètre, et de quatre-vingt-un centimètres (deux pieds et demi) de haut, et un autre de seize centimètres (six pouces) de haut, bouché en liége ; je place au niveau de l'orifice supérieur du grand tube une lampe à bec, qui sert à reconnaître les gaz et à brûler, pendant l'opération, ceux qui sont combustibles au moment où ils se dégagent ; sans cela ils incommoderaient l'artiste. Je fais passer aussi à travers le liége un fort fil-de-fer recourbé en T, de manière qu'il puisse entrer dans l'alonge de cuivre, et y faire la fonction d'un ringard lorsque le phosphore s'y durcit par son contact avec l'eau froide ; sans cela il obstruerait le col de l'alonge, et les gaz seraient forcés de refluer vers l'endroit où elle est lutée, et y produiraient une déperdition de phosphore s'ils pouvaient s'y ouvrir une issue, ou feraient fendre la cornue par leur raréfaction si le lut résistait trop.

Je garnis la jointure du col de la cornue et de l'alonge et le dessus du récipient avec du lut gras et des bandes de toile enduites de blancs d'œuf et de chaux éteinte à l'air ; je laisse ainsi cet appareil deux jours en repos.

Je procède ensuite par degrés à la distillation ; j'allume du charbon, et j'entretiens un feu léger pendant deux heures, en laissant la porte du cendrier fermée ; cependant la cornue s'est échauffée graduellement ; j'ouvre la porte du cendrier ; j'augmente le feu jusqu'à la plus grande incandescence. Pendant les deux premières heures, il y a dégagement d'air atmosphérique, ensuite de gaz acide carbonique et de gaz hydrogène sulfuré ; c'est alors que l'alonge commence à s'échauffer, et l'eau du récipient à se colorer.

Vers la septième heure de feu, le gaz hydrogène phosphoré se manifeste, et dure jusqu'à la fin de l'opération ; une heure après, à la faveur de la transparence du bocal de verre, on voit passer dans le récipient du phosphore mélangé de soufre, qui nage en gros flocons à la surface de l'eau qu'il contient ; il se volatilise plusieurs fois pendant l'opération le long du grand tube de verre, et s'y attache de manière à l'obstruer si je n'avais pas l'attention d'y passer de temps à autre un fil de fer tourné en spirale par le bas. C'est à cette époque, après huit heures de feu, que l'eau du récipient, dans laquelle on plonge légèrement le col

de l'alonge, s'éclaircit, laisse déposer le charbon qu'elle tenait en suspension, et montre le
phosphore distillé par grosses larmes qui s'at-
tachent au bec de l'alonge. J'ai soin de le détacher alors avec le crochet de fer qui s'y trouve
introduit, sans quoi le phosphore, venant à obstruer totalement le bec de l'alonge, occasionnerait quelque accident ; je suis obligé de le
détacher de cette manière jusqu'à ce que la
chaleur se soit assez communiquée à l'eau du
récipient pour liquéfier le phosphore sulfuré,
et laisser distiller le phosphore sous forme
d'huile ; il continue à distiller de cette manière pendant douze à quinze heures. Je reconnais que l'opération est terminée lorsque
je ne vois pas de flamme à l'extrémité supérieure du grand tube ; c'est aussi à ce tube
que l'on juge lorsque le feu se ralentit, car
la flamme paraît alors languissante : l'opération dure en totalité de 18 à 24 heures.

De la purification et du moulage du phosphore.

Je n'entrerai dans aucun détail sur le procédé de la purification du phosphore ; l'opération usitée dans tous les laboratoires est de le

faire passer à travers une peau de chamois dans l'eau chaude ; c'est celle qui est la plus praticable lorsqu'on travaille en grand, et que j'ai adoptée.

Quant au moulage du phosphore, il y a plusieurs procédés, parmi lesquels on a proposé de couper par petits morceaux le phosphore purifié, de les mettre dans des tubes de verre, de les plonger dans l'eau bouillante, et ensuite de les laisser refroidir pour les faire sortir en forme de cylindre ; je regarde ce procédé comme trop long lorsqu'on a plusieurs livres de phosphore à mouler : nous avons un autre appareil de M. Destouches ; je m'en suis servi ; il me promettait plus d'utilité que je n'en ai pu obtenir, et ce moyen ne me paraît pas susceptible d'être adopté ;

1º. Par la longueur du temps qu'il faut employer à introduire dans des tubes de verre le phosphore liquéfié ;

2ᶜ. Comme c'est à l'aide d'un cône renversé, garni d'un robinet, que ce moulage se fait, il arrive quelquefois que l'eau ne cédant pas sa place assez vite au phosphore, celui-ci reflue en dehors et s'enflamme en pure perte et au risque de brûler celui qui s'en occupe ;

3º. Parce qu'il faut réchauffer le cône qui

sert d'entonnoir à chaque petit tube que l'on emplit;

4°. Parce que la nécessité d'avoir continuellement de l'eau bouillante, tant pour maintenir à ce degré de chaleur les tubes, que pour y plonger et réchauffer le cône, devient fort incommode.

Cet appareil, d'ailleurs d'une ingénieuse construction, n'est pas susceptible d'être employé quand on cherche l'économie du temps, du feu, et la sûreté du manipulateur.

Détails de mon procédé.

J'ai quatre tubes de verre cylindriques, dont le calibre est bien en dépouille; ils sont du diamètre de 5 à 7 millimètres (2 à 3 lignes). J'ajuste, avec du mastic, à chaque bout supérieur des tubes, une virole d'étain, laquelle a moins de diamètre que le bout inférieur; cette virole a son autre extrémité faite à vis. J'adapte à volonté, par le moyen de la vis, un robinet garni de cuir gras, terminé par un tube comme celui d'une pipe. C'est par ce tube que j'aspire le phosphore, le robinet étant ouvert.

Lorsque les tubes sont ainsi préparés, je

prends la terrine vernissée, contenant le phosphore que je viens de purifier, et qui est recouvert de 11 centimètres (4 pouces) d'eau, et je la mets sur un fourneau avec un feu susceptible de maintenir le phosphore et l'eau à 3o degrés de chaleur. Je saisis alors un de ces tubes, sur lequel je visse un de mes robinets , que j'ai eu la précaution d'ouvrir ; je le plonge dans le phosphore liquéfié , et j'aspire pour faire monter le phosphore dans le tube, à la hauteur dont je veux former les cylindres. Je ferme ensuite le robinet ; je porte le doigt à l'extrémité inférieure du tube pour le boucher ; j'en secoue le bout dans l'eau pour détacher le phosphore qui pourrait s'y fixer et rester aux doigts, et je porte le tube ainsi bouché avec le doigt dans un baquet d'eau froide ; je ne retire le doigt de son extrémité inférieure que lorsque le phosphore est figé , ce que je reconnais à une secousse qui se manifeste à l'instant même. J'ouvre le robinet que je tenais fermé à l'extrémité supérieure. Je secoue le tube obliquement pour faire tomber le phosphore dans l'eau, et lorsque j'ai choisi des tubes bien calibrés en dépouille de haut en bas, il se détache à la première secousse. Je recommence ainsi de suite avec le même tube, et je varie à volonté les grosseurs des cylindres et du phosphore suivant le diamètre des tubes; j'en moule par ce procédé deux kilogrammes (quatre livres) par heure.

Il résulte donc des procédés que j'emploie les avantages suivans :

1°. Que la transparence du bocal de verre I me permet d'observer, dès le premier moment que j'applique le feu à la cornue, tous les changemens qui arrivent durant l'opération ;

2°. Que le bocal de verre me laisse voir le bec de l'alonge plongé dans l'eau, et m'avertit des momens où le phosphore y est arrêté; alors je me sers du fil de fer recourbé en T pour en arracher cette substance, qui, par son adhérence, tend à l'obstruer en totalité ; effet que l'on ne saurait prévoir dans les récipiens en cuivre, et qui, conséquemment, pourrait produire des accidens graves ;

3°. Que les phénomènes de l'obscurcissement de l'eau, et de son éclaircissement, qui se répètent souvent, peuvent être aperçus et faire juger de l'état de l'opération dans tous ses momens ;

4°. Qu'on peut connaître l'instant où le phosphore cesse de passer, et où le phosphore pur commence à couler ;

5°. Que par le moyen du grand tube de verre

L., j'ai la facilité de reconnaître tous les gaz qui se dégagent successivement jusqu'à la fin de l'opération ;

6°. Que le tube L. m'indique exactement si le feu languit, et m'avertit du temps où je dois recharger le fourneau ;

7°. Que la lampe, adaptée à l'orifice du tube L., donne lieu à la combustion continuelle des gaz, qui, sans cela, s'arrêteraient et incommoderaient les personnes occupées dans le le laboratoire ;

8°. Que la flamme entretenue, au bout du tube L., m'avertit des accidens qui sont arrivés à la cornue ; car, à l'instant où elle en éprouve un, la flamme dégénère et perd aussitôt de son élévation dans ses mouvemens alternatifs, ascendans ou descendans ;

9°. Que le tube O est placé de manière qu'on puisse y introduire un siphon de verre, afin de retirer de l'eau du récipient, lorsque le bec de l'alonge se trouve trop profondément plongé dans l'eau par l'augmentation du phosphore, quand on travaille en grand ; car les gaz, ayant alors trop de résistance à vaincre pour s'échapper de la cornue, pourraient en occasionner la rupture ;

10°. Que le procédé que j'emploie pour mouler le phosphore est d'une exécution facile, sûre et prompte.

Explication de la Planche 391.

Fig. 1ʳᵉ. A A A A. Fourneau de réverbère construit en briques.

B. Porte du foyer.

C. Porte du cendrier.

D. Dôme en terre.

E. Ouverture pratiquée au dôme, pour laisser voir le dessus de la cornue, dans le cas où il arriverait quelque accident.

F. Tuyau de tôle de 132 centimètres (quatre pieds de long).

G. Cornue de grès dont le col entre dans l'alonge H.

H. Alonge de cuivre plongeant dans l'eau du récipient.

I. Récipient en verre.

K. Cuvette de faïence, placée sous le récipient, dans laquelle on met de l'eau à la hauteur de deux doigts.

L. Grand tube de verre servant à la combustion des gaz.

M. Lampe à bec servant à enflammer les gaz combustibles, et à faire reconnaître ceux qui ne le sont pas.

N. Fil de fer recourbé en T, et placé de manière à être introduit dans l'alonge pour y détacher le phosphore.

O. Tube de verre , fermé d'un bouchon de liége , servant à laisser introduire un siphon dans le récipient pour retirer de l'eau.

P. Fil de fer , tourné en spirale par le bas , servant à dégager le tube L, lorsqu'il est obstrué par du phosphore léger.

Fig. 2. *qqqq*. Coupe horizontale du fourneau.

Fig. 3. A. Robinet s'adaptant sur la virole D du tube C.

B. Tube servant à aspirer le phosphore.

C. Tube de verre garni de sa virole D.

ARCHITECTURE.

Emploi des tibia de bœuf dans le scellement des paremens en pierre de taille, pour augmenter la solidité des édifices.

On sait depuis long-temps que l'emploi du fer dans le scellement des agrafes, qui tient les pierres de taille en parement, a le grave inconvénient, sur-tout à la mer, de faire éclater ces pierres au bout d'un très-court espace de temps. Cet effet résulte de l'augmentation de volume qu'acquiert le fer en s'oxidant.

Les constructeurs ont cherché des moyens d'unir les pierres entre elles sans agrafes. Plusieurs ont assemblé les pierres à tenons ronds ou carrés et mortaises ; d'autres ont isolé ces tenons, et les ont faits à double queue d'aronde , etc.

L'expérience a déjà démontré que la mortaise pratiquée dans la pierre l'affaiblissait trop , et que le tenon n'avait jamais assez de solidité pour résister aux efforts qui peuvent être faits contre le parement d'un mur, tels que ceux du choc des lames d'eau dans les constructions hydrauliques.

Il a donc fallu en revenir au système des agrafes avec scellement ; mais quelle matière employer pour ces agrafes ? Les métaux qui ont assez de force sont presque tous susceptibles de s'oxider, le bois peut s'altérer de beaucoup de manières : on pourrait, il est vrai, le durcir par le procédé de M. Migneron ; mais, pour qu'une agrafe puisse résister à toute espèce d'effort, il faut qu'elle soit plus solide que les pierres mêmes qu'elle a pour objet d'unir.

On a donc pensé avec raison que les os, qui résistent à de grands efforts dans l'emploi de la force des animaux, dont ils sont la charpente, réuniraient pour agrafes la solidité à l'inaltérabilité. Le tibia de bœuf a la longueur et la grosseur convenables, et forme les deux extrémités de queue d'aronde qu'exige l'assemblage.

Après avoir, pour sceller ces agrafes, posé deux pierres de taille, on pratique, sur leur lit supérieur, et leur jonction, une mortaise à double queue d'aronde ; cette mortaise est perpendiculaire au joint.

On y incruste le tibia, puis on y coule, soit

du soufre, soit un mélange de résine et de
cendrée. Celui-ci s'emploie le plus ordinairement dans les travaux à la mer.

L'expérience a confirmé les résultats qu'aurait fait présumer l'analogie dans plusieurs
ouvrages exécutés ainsi depuis un grand nombre d'années à Saint-Martin, en l'île de Ré,
ainsi qu'à la Rochelle. La solidité qu'ils con-
servent encore prouve que l'emploi des agrafes
en tibia de bœuf réunit à la force une inaltérabilité à l'épreuve du temps.

A Saint-Martin, en l'île de Ré, l'éperon a
été exécuté avec agrafes en tibia, scellées en
soufre.

A la Rochelle, plusieurs ouvrages à la mer
ont été construits de même ; savoir : il y a
environ vingt-huit ans, le batardeau entre la
porte Dauphine et la porte Neuve ; il y a vingt-
un ans, l'éperon de la porte des Moulins ; il y
a près de quinze ans, une partie du revête-
ment de la cunette du fossé de l'ouvrage à
cornes.

Tous ces ouvrages sont encore intacts, et
les paremens sont dans le meilleur état possible. On a voulu cependant s'assurer si cette
solidité était véritablement due aux tibia ; et,
dans plusieurs démolitions qu'on a été obligé

de faire, on a trouvé que les tibia qui avaient
été posés dans un bain de soufre, ainsi que leur
scellement, n'avaient éprouvé aucune altération.

Cette notice intéressante, qui est due à
M. Vesian, capitaine au corps impérial du
génie, a fourni à M. Molard, administrateur
du Conservatoire des Arts et Métiers, l'occasion de citer un fait en faveur du procédé.

L'idée de faire servir au scellement des
pierres les parties solides des os des animaux
paraît, dit-il, fort ancienne. On en trouve la
preuve dans la corniche de l'encadrement
d'un bas-relief, placé contre le trumeau des
fenêtres du vestibule de l'ancien réfectoire du
prieuré de S.-Martin à Paris.

La partie la plus saillante de cette corniche
est composée d'une pierre rapportée, que l'on
avait fixée avec un mortier et des os de mou-
ton. Dans un fragment de cette corniche, le
joint des pierres qui la composent est masti-
qué et scellé avec deux os, et offre la plus
grande solidité. Il est à remarquer que cette
partie de la maçonnerie était placée dans un
rez-de-chaussée, près d'un lavoir qui y en-
tretenait beaucoup d'humidité.

Description d'une nouvelle voiture propre à être menée aussi bien en arrière qu'en avant.

On peut juger de l'utilité de cette voiture et des nombreuses applications dont elle est susceptible, d'après un aperçu succinct de sa construction et de la manière de s'en servir. On concevra facilement les menus détails, les modifications et les changemens nécessaires pour les différens usages auxquels on pourrait la destiner. Quoique l'inventeur de cette voiture, M. Venzel de Haffner, directeur de l'école d'artillerie de Copenhague, et membre de l'académie des sciences de Stockholm, ait eu spécialement en vue son application au service militaire, et qu'elle ait été examinée et approuvée sous ce rapport, en 1805, par une commission nommée à cet effet, et bientôt après mise en usage et introduite dans l'armée danoise par ordre exprès du roi; il est aisé de juger qu'elle peut être employée très-utilement dans toutes les espèces de charois, et particulièrement dans ceux de l'agriculture. En effet pour peu que l'on ait habité la campagne, on

sait que la plus grande partie des chemins vi-
cinaux sont trop étroits pour que les voitures qui
viennent à s'y rencontrer puissent y passer de
front ; que très-souvent il est impossible qu'un
char y ait un espace suffisant pour tourner ;
dans ce cas et dans beaucoup d'autres, les
cultivateurs pressentiront que la voiture de
M. Haffner présente des avantages qui pourront la leur faire adopter.

L'idée de cette voiture est venue à l'auteur
à l'occasion d'un changement qu'on se proposait de faire dans le train des effets d'équi-
pement et de campement de l'armée. On
paraissait vouloir employer des chevaux de
bât pour ce service. Or, trouver le moyen de
réunir les avantages et des chariots ordinaires
ou des charrettes, et des chevaux de bât, en
évitant les inconvéniens auxquels leur service
est exposé, c'est le problème que M. de Haffner
s'est efforcé de résoudre.

Explication de la planche 392.

Fig. 1re, représente le chariot vu de côté.

Fig. 2. Les quatre roues sont parfaitement
égales en tout point. Les deux essieux, qui de
même sont absolument égaux, sont attachés
par une cheville ouvrière aux deux bouts d'une

flèche droite. Deux barres fortes AA, sont fixées d'un bout avec un crochet fermé dans deux anses ou anneaux BB , ajoutés au fer de renfort qui entoure la flèche, et bien exactement au milieu de celle-ci, de manière à pouvoir être mues en tout sens comme sur un pivot, ou en charnière ; l'autre bout des barres a un crochet ouvert en rectangle qui entre dans les deux anneaux intérieurs des têtes de boulon CC, de l'avant ou de l'arrière-train. Les quatre anneaux des têtes de boulon extérieures de chaque essieu ou train DD, sont destinés à recevoir les quatre crochets d'attelage, c'est-à-dire les deux crochets des bras du timon EE, et ceux des deux tirans de palonnier FF.

L'on voit maintenant qu'au moyen des deux barres mobiles et des crochets d'attelage, l'avant-train peut se changer à volonté en arrière-train, et réciproquement ; car ces barres A A donnent de la fixité à l'essieu auquel elles sont accrochées, et remplacent la fourchette de la flèche des voitures ordinaires ; l'autre essieu au contraire devient mobile sur sa cheville ouvrière, dans toutes les directions que lui donne le timon, qui, par le moyen de ses quatre crochets ouverts, peut se dételer et s'atteler à tel bout de la voiture qu'on veut, sans qu'on ait besoin de dételer les chevaux. Les crochets ouverts sont tous arrêtés dans les anneaux par des chevilles à chaînons, afin qu'ils ne sautent point dehors par le cahotage de la voiture. Les quatre crochets d'attelage doivent avoir le jeu nécessaire pour donner assez de latitude au mouvement vertical du timon, tant au-dessus qu'au-dessous de la ligne horizontale, afin de ne pas serrer et de ne point gêner la marche dans les terrains inégaux et escarpés.

On conçoit qu'il faut établir un certain rapport entre la longueur des barres, celle de la flèche et l'écartement des roues (la largeur de la voie), pour pouvoir opérer, sans embarras, les changemens que nous venons d'indiquer ; que plus la flèche est courte relativement à la largeur de la voie des roues, et le corps ou caisson de la voiture mince, plus elle tournera brièvement sur un petit espace. Mais un de ses principaux avantages étant de pouvoir, au besoin, éviter d'être tournée, nous appuierons sur ce point.

Pour l'usage auquel l'auteur avait destiné cette voiture, elle peut être, dans son ensemble, d'une construction assez mince, assez légère. Chargée de 40 myriagrammes (800 liv.)

pesant , plus ou moins , d'après les circonstances , et attelée de deux bons chevaux , elle
pourra être menée au trot sur les chemins ordinaires , et se trouvera par là adaptée à la
manière actuelle de faire la guerre, et aux
mouvemens rapides des armées modernes. Il
est facile de la démonter , de l'embarquer, et de
la remonter de même après le débarquement.
Comparée aux chevaux de bât, elle offre un
avantage évident. Un cheval porte tout au
plus 12 myriagrammes (250 liv.) : toujours
chargé de son fardeau , sans soulagement,
souvent pendant vingt-quatre heures consé-
cutives, il est bientôt blessé , abîmé et hors de
service ; il succombe sous sa charge, et tombe
de fatigue, entraînant avec sa perte celle des
effets qu'il porte. Les effets se détériorent, ils
s'accrochent aux buissons, dans les haies et
les bois, et se perdent en détail.

La voiture de **M.** Haffner peut passer par-
tout où un cheval de bât ou une charrette pas-
serait. Les effets y sont mieux conservés ; on
peut charger autant que sur quatre chevaux.
Un homme ou deux qui se trouveraient in-
commodés de la fatigue , peuvent être placés
sur la voiture sans inconvénient dans les bons
chemins. Les deux chevaux qui la traînent

sont à l'aise et sans gêne ; ils se reposent aux fréquentes haltes qui surviennent à un train d'armée, sans rien porter ; ils peuvent par conséquent endurer plus long-temps le travail, quand même il faudrait au besoin marcher nuit et jour ; et pour les remplacer on n'a point la peine et l'embarras de les décharger. Cette voiture peut sortir de tous les mauvais pas ordinaires qui se rencontrent dans les marches des armées, comme les défilés, l'attaque à l'improviste d'une colonne, les digues, les chemins étroits ou bordés de haies, etc. ; elle peut passer des collines, des bois, des fossés, des escarpemens, etc., à l'aide toutefois de quelques pionniers et des outils nécessaires au besoin et d'après les circonstances, ce qui est commun à tout train qui est forcé de se frayer un nouveau chemin. Le mouvement libre du timon de cette voiture, en haut et en bas, la rend susceptible de passer par des élévations escarpées et des enfoncemens roides, qu'il ne serait possible de franchir, ni avec d'autres voitures, ni même avec des chevaux de bât ; ce qui a été constaté par de fréquens essais ; car en tout cas on peut la mener en avant ou en arrière, ou la tourner de côté ou d'autre ; ou bien par sa mobilité, sa légèreté et la modicité de sa charge, la tirer d'embarras d'une manière quelconque. Elle a encore un grand avantage dans les forteresses, sur les remparts, sur les lignes étroites, dans les rues tortueuses et serrées, sous les portes cochères sans cour, dans les granges; enfin, par-tout où il n'y aura pas moyen de tourner une voiture.

Avec des modifications dans les dimensions et la for... des pièces qui la composent, elle sera applicable aux fourgons, aux caissons, et à toutes autres sortes de voitures du train de l'armée. L'exacte conformité des roues, des essieux, enfin de toutes les pièces homogènes qui entrent dans sa construction, réduit infiniment le nombre des objets de rechange qu'on transporte avec beaucoup de frais et d'embarras à la suite des armées.

AGRICULTURE.

*Description d'un binot-bascule, à trois socs,
ou trigone aratoire.*

Parmi les machines utiles à l'agriculture,
qui commencent enfin à se multiplier en France,
on ne manquera pas de distinguer celle dont
nous allons donner la description. Elle est due
à M. Dessaux-le-Breton, administrateur des
hospices de Saint-Omer, et à M. Dessaux, son
frère, cultivateur à Courset, département du
Pas-de-Calais.

C'est une charrue-binot, à trois socs, qui, à
l'aide de trois chevaux et d'un conducteur,
peut labourer ou rebiner en un jour près de
trois hectares, à la profondeur ordinaire des
binots en usage, qui exigent toujours l'emploi
de deux chevaux, et plus souvent même de
trois.

Les trois socs, disposés en forme de trépied,
afin qu'aucun ne porte à faux dans les terrains
inégaux, peuvent facilement être écartés ou
rapprochés à volonté, suivant la profondeur

du labour, qui donne aux sillons plus ou moins
de largeur. Ces trois socs peuvent encore, par
une méthode très-prompte et très-facile être
étrempés tous ensemble ou séparément. L'avant-
train n'est composé que de deux barres de bois,
supportées par deux roues ; et ces deux barres
sont fixées, à l'aide d'un boulon de fer, par l'une
de leurs extrémités, au point le plus central
possible des résistances ; c'est cette application
la plus immédiate de la force motrice à la résistance, jointe à la direction horizontale des trois
haies, ou âges, qui ne saurait manquer de pro-
curer une économie évidente dans le nombre
des chevaux à employer ; d'ailleurs, cette charrue n'est pas plus lourde, elle est moins com-
pliquée que nos grandes charrues ordinaires,
et elle offre aussi beaucoup plus de solidité.

Déjà l'expérience a constaté les avantages de
cet instrument ; on a reconnu qu'il forme les
sillons parallèles aussi parfaitement que les
anciens binots. Les essais ont eu lieu sur un
terrain mêlé de gros cailloux, battu par les
neiges et les pluies de l'hiver, et qui n'avait
point été labouré depuis la récolte.

Le binot en usage dans divers cantons du
département du Pas-de-Calais, est une charrue du second ordre, destinée à ameublir la

terre, déjà ouverte par les premiers labours de
la charrue à versoir. Dans quelques terres légères et de facile culture, le binot est employé
avec avantage pour l'extirpation des herbes et
des racines. Enfin plusieurs cultivateurs s'en
servent pour les labours du printemps, sur les
jachères, et dans les terres sur lesquelles ils
ont récolté des fèves, des pois, etc.

Le binot est donc une culture du second
degré, mais qui, suivant la nature des terres,
peut tenir lieu de toute autre, sur-tout lorsqu'il
est parfaitement exécuté. Trois chevaux sont
souvent attelés au binot ; un conducteur, placé
aux mancherons, dirige les labours. Le soc du
binot est droit, il n'est point précédé d'un cou-
tre, il est fixé sur le cep ; mais au lieu de versoir, le cep s'élargit de chaque côté, de sorte
que la terre en est vivement remuée, et que le
sillon, ouvert par le soc et les oreilles du cep,
reste à découvert dans une profondeur de 13 à
16 centimètres (5 à 6 pouces).

L'étrempure du binot est à-peu-près la même
que celle de la charrue du pays. On laboure
ordinairement 86 ares (2 arpens de 100 verges
de 20 pieds) par jour. MM. Dessaux, qui oc-
cupent des terres dans le canton de Desvres,
où l'usage du binot est général, ont imaginé

d'en construire un qui, armé de trois socs, pût exécuter, sans augmentation sensible de force, un travail triple de celui du binot simple.

Leur instrument est composé d'un cadre en bois, de 8 centimètres environ (3 pouces) de largeur ; ce cadre est coupé dans sa longueur par une pièce de bois de même dimension, que nous nommerons la haie du milieu, les deux autres côtés parallèles à celui-ci étant les haies de droite et de gauche.

Sur la partie antérieure de la haie du milieu se trouvent un étançon, un cep et un soc, et sur les parties postérieures des haies latérales, les mêmes pièces sont également fixées.

Il est aisé de concevoir que, dans son activité, le premier soc ouvre un sillon au milieu, et que les deux autres qui le suivent en tracent chacun un à la droite et à la gauche du premier : un fort boulon de fer mobile traverse les trois haies ; c'est à ce boulon que l'avant-train est attaché par deux barres de trait ; et c'est dans les diverses situations de ce boulon qu'est établie l'étrempure, que l'on augmente ou que l'on diminue au moyen de deux coins de bois placés sur les barres de trait qui communiquent de l'avant-train au boulon de fer dont nous venons de parler, et sur lesquels appuie le cadre

qui porte les trois socs. Le palonnier est attaché à un têtard garni de mâchoires, comme
dans les charrues ordinaires.

Outre l'étrempure des trois socs à-la-fois,
par le moyen ci-dessus indiqué, chacun d'eux
peut aussi être étrempé particulièrement par
la pression d'un coin enchâssé dans un tenon
qui lie l'étançon à la haie.

La haie du milieu est immobile, mais les
deux autres sont susceptibles d'en être rap-
prochées ou écartées, suivant la nécessité d'élar-
gir ou de rétrécir les sillons, soit pour enlever
les mauvaises herbes et faire écouler les eaux,
soit pour exécuter les derniers labours destinés a recevoir les semences.

Une commission nommée sur l'invitation
de M. le général préfet du Pas - de - Calais,
par la Société d'agriculture de Boulogne, et
composée de MM. F. Delporte, Ducarnoy,
Lorgnier, Menneville et Pichon, a fait le premier essai du binot a trois socs dans une terre
légère du plateau de la commune de Saint-Martin. Les commissaires avaient fait amener dans
le même champ un binot simple destiné à leur
servir de moyen de comparaison, et ils le
firent travailler concurremment pendant quelque temps.

Le binot à trois socs, attelé de trois chevaux, ouvrit trois sillons parfaitement égaux,
occupant ensemble une largeur de 1 mètre
35 centimètres (4 pieds 2 pouces); leur profondeur était de 22 centimètres (8 pouces);
les flancs et les arêtes de ces sillons se trouvaient si bien exécutés, qu'il parut impossible
que le grain que l'on y aurait semé pût se fixer
sur les côtés, et moins encore ceux qui, par
leur forme arrondie, tels que les pois, la vesce,
les fèves, tendent toujours à rouler dans les
creux; les semis faits dans de tels sillons ne
doivent éprouver aucune perte, et les grains
doivent lever dans des lignes aussi régulières
que si l'on se servait de semoirs.

Le dynamomètre marqua dans divers sillons, de 295 à 330 kilog. (590 à 660 livres).

Les commissaires firent ensuite travailler
le binot simple: la largeur de trois sillons
successivement ouverts fut de 1 mètre 3 décimètres (4 pieds) et leur profondeur de 16
centimètres (6 pouces); les flancs et les arêtes des sillons étaient inégaux, parce que le
soc portait la terre dans le sillon voisin, ce
qui n'avait pas lieu dans les labours du binot
à trois socs.

Le dynamomètre marqua de 275 à 300

kilog. (cinq cent cinquante à six cents livres).

La commission , assurée du succès de ses travaux, voulut répéter publiquement ses expériences ; on fixa un jour, et M. le préfet en informa ses administrés par la voie du mémorial administratif ; le nombre des curieux fut assez grand, et parmi eux se trouvaient les propriétaires et les cultivateurs les plus distingués de l'arrondissement.

Le binot à trois socs , placé sur le même terrain , donna les mêmes résultats que lors des précédentes expériences : sur l'invitation de plusieurs personnes , il fut transporté dans un champ en pente, d'une terre vive, argileuse, caillouteuse et sèche , et l'on essaya d'appliquer plus particulièrement les recherches sur la ligne de tirage la plus avantageuse, avec la conviction que le travail des socs serait toujours aussi parfait.

On plaça le boulon de fer auquel sont attachées les barres de trait au-dessus des socs de derrière; le dynamomètre marqua de 370 à 440 kilogrammes. (755 à 900 liv.)

Le tirage établi au même boulon, en avant des mêmes socs , donna au dynamomètre de 380 à 440 kilogrammes. (775 à 900 liv.)

La ligne de trait placée au centre des trois

socs, donna au même instrument de 320 à 340 kilogrammes. (650 à 700 liv.)

Enfin le tirage ayant été fixé au-dessus du premier soc, le dynanomètre marqua de 340 à 350 kilogrammes. (700 à 720 liv.)

Les commissaires ont reconnu, avec les auteurs du binot éprouvé, que le point le plus avantageux pour le tirage, et qui exigeait le moindre développement de force, était celui qui aboutissait au centre des trois socs, ce que d'ailleurs d'autres raisonnemens tendaient à démontrer.

Ils ont ensuite fait travailler le binot simple, et le résultat des essais fut le même que la première fois.

La commission se fait donc un devoir de rendre hommage à la découverte importante de MM. Dessaux ; leur binot exécute par la perfection de la ligne de tirage sans augmentation bien sensible de résistance, et par conséquent sans qu'il soit nécessaire d'employer un plus grand nombre de chevaux, trois fois plus d'ouvrage que n'en fait le binot simple avec les mêmes moyens, ou, ce qui revient au même, en trois fois moins de temps. On peut labourer deux hectares et demi (6 arpens de 100 verges de 20 pieds) de terre dans un jour, et faire en cinq jours, les travaux que l'on est occupé à exécuter pendant quinze : ainsi il y a dans l'emploi de ce nouveau binot, comparé à l'ancien, une économie de six chevaux, de deux conducteurs, et le temps employé est deux fois moins long.

De pareils avantages ne peuvent trop être appréciés ; aussi la plupart des personnes qui assistaient aux expériences se sont-elles empressées de se joindre aux commissaires pour témoigner leur satisfaction aux inventeurs de cet instrument ; plusieurs en ont vivement sollicité le prêt, en attendant qu'ils s'en fussent procuré pour la culture de leurs terres.

Il résulte de ces essais que dans toutes les terres légères, dans celles qui contiennent de la craie et des cailloux, ainsi que dans les terrains argileux qui ne seraient pas trop compactes, le binot à trois socs peut être employé avec avantage dans toutes les expositions. Dans les champs situés sur le penchant des coteaux, les trois socs, par leur position en trépied, ne restent jamais inactifs ; quant aux terres fortes, ce binot peut également servir aux seconds labours, sur-tout lorsque l'on aura employé la charrue à versoir dans les premiers.

On ne peut donc que desirer vivement le

35. 19

prompt établissement d'un atelier qui puisse satisfaire aux demandes multipliées que l'on adresse journellement aux inventeurs de ce nouvel instrument aratoire.

Explication de la planche 393.

aa. Socs de derrière, *fig.* 1 et 2 : hauteur moyenne prise au milieu, à partir du sol, jusqu'au-dessous de la haie ou âge, 14 à 15 pouces.

b. Soc du devant, hauteur, 14 à 15 pouces.

Il y a une mâchoire mobile sur pivot : équarrissage, 2 pouces un quart sur 1 pouce un quart ; ouverture, 2 à 3 pouces.

dd. Mancherons : longueur, 3 pieds 9 à 10 pouces ; ouverture desdits mancherons vers l'extrémité, 1 pied 8 à 9 pouces dans œuvre.

e. Gibet à corbeaux : hauteur, 3 pieds tout compris.

Du centre d'un sillon à l'autre, de 15 à 16 pouces.

ff. Haies ou âges : longueur, non compris les tenons, 3 pieds 6 pouces ; longueur desdits tenons, 5 pouces ; équarrissage des haies, 3 pouces sur 3 du côté des socs, et 2 pouces et demi sur 2 pouces et demi au bout opposé.

g g. Les barres de traverse ou d'assemblage : longueur, 3 pieds 5 pouces ; *idem* entre les deux mortaises opposées, 2 pieds 2 pouces; largeur de ces mortaises, 4 pouces un quart (afin qu'on puisse écarter ou rapprocher les haies à volonté); mortaises du milieu, largeur des tenons; équarrissage des barres d'assemblage, 4 pouces sur 2 pouces un quart.

hh. Roues: diamètre, 25 pouces.

ii. Les deux barres de tirage: longueur 5 pieds 8 pouces; équarrissage, 2 pouces et demi sur 2 pouces et demi.

Essieu en fer; boulons d'assemblage en fer: longueur convenable.

k. Palonnier pour 3 chevaux de front (sa forme est de rigueur), afin qu'un des chevaux se trouve dans la raie qui vient d'être tracée.

lll. Largeur des ailes des socs, 7 pouces; longueur, compris la pointe, 10 à 11 pouces. Douille des socs, 4 pouces de large, sur 3 à 4 pouces de long.

mm. Les ceps: équarrissage, 4 pouces sur 4, sauf à diminuer l'épaisseur sur le plat, en forme de coin vers le soc; longueur des ceps, 13 à 14 pouces jusqu'à la douille du soc, le reste dans la douille du soc.

n. Fouet, et maillet *o.*

TECHNOLOGIE.

Sur l'application du gaz tiré de la houille à divers usages économiques, et sur-tout à l'éclairage.

Le procédé indiqué par M. Murdoch (voyez tome XXXIII, p. 66 de nos *Annales*), pour appliquer le gaz tiré de la houille à l'éclairage des ateliers, et même des appartemens, a réveillé l'attention sur cet objet, l'un des plus importans de l'économie domestique. Une feuille écossaise, intitulée *Edinburgh Review,* vient de donner à cet égard des éclaircissemens que nous croyons devoir publier (1).

---

(1) Nous ne prendrons cependant aucune part aux attaques personnelles dirigées par les rédacteurs de l'*Edinburgh Review* contre un homme qui a pu se tromper, mais dont l'erreur, fût-elle volontaire, doit être excusée par la politesse française.

(*Note du rédacteur B.* D. *V.*

La houille s'applique si heureusement aux usages journaliers et aux besoins des arts, qu'elle mérite d'être considérée comme un article essentiel de la richesse du territoire. Lorsqu'on la fait brûler dans une cheminée, on voit qu'elle est composée d'une base fixe charbonneuse, et d'une variété de substances évaporables, qui sont chassées par le feu sous la forme de fumée et de flammes. Mais si, au lieu de consumer ainsi la houille à feu ouvert, on la distille, en recueillant dans des vases appropriés les parties évaporables, on trouve que ce combustible contient, outre une quantité considérable de substance susceptible d'être condensée par le froid sous la forme de goudron, et sous celle d'une liqueur alkaline, un fluide élastique invisible, ou un gaz, que ni le refroidissement, ni son mélange avec l'eau, ne peuvent condenser ou absorber. C'est un composé de deux gaz éminemment inflammables, que les chimistes appellent gaz hydrocarbonates, en désignant l'un par l'épithète de léger, et l'autre par celle de pesant, ou de gaz oléfiant. Ce mélange brûle en rendant une très-belle lumière ; c'est celui qui procure la flamme dans nos feux ordinaires ; mais la pureté de la flamme y est altérée par le mélange inévitable de la vapeur fuligineuse. On peut cependant séparer celle-ci par le procédé de la distillation, qui laisse le fluide aériforme dans son état de pureté.

Dans tous les procédés d'éclairement au moyen de ce gaz, on a toujours posé en principe la purification préalable du fluide aériforme, sa réunion dans des réservoirs, et sa distribution dans des tubes. A partir du fourneau dans lequel on distille la houille, un tuyau commun peut conduire toute la matière gazeuse dans un grand réservoir ou gazomètre, où, par divers moyens, et sur-tout, à ce que nous croyons, par des lavages à l'eau, on peut la purifier pour la conduire ensuite, par un système de tuyaux, dans toutes les directions convenables. Si elle a une issue libre à l'extrémité de ces tuyaux, elle sort uniformément comme un souffle invisible, jusqu'à ce qu'on lui présente une petite flamme quelconque; alors le courant de gaz s'allume à l'orifice du tuyau, et continue a brûler aussi long-temps que la houille continue de le fournir. M. Accum, excellent manipulateur, a trouvé, par la comparaison des ombres, en suivant le procédé indiqué par le comte de Rumford, que la lumière d'une flamme de gaz est à celle d'une

flamme de lampe ou de chandelle de même
volume, comme trois est à un ; ou, en d'autres
termes, que dans un espace donné, une seule
flamme de gaz pur donne autant de lumière
que celle de trois chandelles de même volume.
Les produits de la combustion sont les mêmes
dans les deux cas, savoir, de l'eau et du gaz
acide carbonique ; mais avec cette différence
essentielle , savoir, que les chandelles donnent
souvent, et les lampes toujours, plus ou moins
de fumée et de suie ; tandis que la combustion
du gaz est parfaite , et ne laisse aucun résidu
sensible, rien en un mot qui puisse ternir le
blanc le plus délicat. Par cette raison, les effets
de cette flamme sur l'air d'une chambre sont
moins nuisibles que ceux de la flamme d'une
chandelle , puisque la seule matière délétère
qu'elle produise est le gaz acide carbonique ,
et encore en moindre quantité que nos chandelles ordinaires.

D'après la propriété éminemment inflam-
mable de ce gaz, on pourrait craindre des ex-
plosions , des ruptures de tubes , et d'autres
inconvéniens de cette espèce ; mais on peut se
rassurer tout-à-fait à cet égard ; au contraire,
rien de plus facile et de plus simple que la
manipulation qu'il exige ; on peut le contenir

avec un robinet ordinaire, et lui donner issue à volonté. Quand la provision est épuisée, la flamme s'éteint aussi tranquillement que celle d'une lampe qui n'a plus d'huile.

Telles sont les propriétés de cette singulière substance, traitée en petit dans le laboratoire du chimiste. Or on sait que certaines théories parfaitement justes et élégantes en elles-mêmes, et confirmées par des expériences faites sur une petite échelle, avec des appareils très-soignés et beaucoup d'adresse, échouent lorsqu'on veut les appliquer en grand à des objets d'utilité publique ou domestique ; mais dans le cas en question, les faits se présentent en grand nombre, et dans de vastes proportions ; ils viennent de côtés différens ; ils sont fournis par des individus sans rapports les uns avec les autres, et ils réalisent cependant tout ce que la théorie avait pu promettre, et les conclusions qu'on tirait des expériences faites en petit.

Le premier et le plus important de ces faits est rapporté dans le mémoire de M. Murdoch, dont le principal objet est de décrire la manière dont la filature de coton de MM. Philips et Lee, à Manchester, est éclairée. Il nous apprend que la totalité des ateliers de cet établissement, le plus considérable de l'Angleterre, le comptoir, les magasins et la demeure personnelle de M. Lee, sont éclairés depuis plusieurs années au moyen du gaz retiré de la houille, sans aucune autre lumière artificielle.

On a vu, tome XXXIII, page 73, que la méthode de M. Murdoch épargnait à M. Lee les trois-quarts de ses frais : cependant il n'est pas vraisemblable qu'on ait atteint le plus haut point de perfection, soit dans l'économie du procédé de distillation, soit dans la simplicité de l'appareil.

Le second exemple à citer, après la grande expérience de M. Murdoch, est important, sur-tout parce qu'il montre que la supériorité de la lumière fournie par le gaz, sur les autres moyens d'éclairement, ne se borne pas à l'emploi qu'on peut en faire dans les grandes manufactures, mais qu'elle est aussi évidente dans son application aux usages domestiques, ce qui augmente beaucoup les avantages de ce procédé. On doit ce fait à M. Cook, fabricant de clincailleries à Birmingham. C'est un artiste tout praticien, très-froid sur les théories, et qui calcule rigoureusement ses intérêts. Il décrit ainsi son procédé :

« Mon appareil est tout simplement une

marmite de fer fondu , qui peut contenir
trente - deux litres ; elle a un couvercle de
même matière , que je lute avec du sable.
C'est dans cette marmite que je mets la
houille. Je fais, par un trou pratiqué au couvercle, passer le gaz au travers de l'eau, dans
le gazomètre ou réservoir, qui contient environ
quinze cents litres , et au moyen de vieux ca-
nons de fusil joints les uns aux autres , je le
distribue dans tout mon atelier. Or, je retire
deux mille deux cent cinquante litres de gaz
de neuf à onze kilogrammes de houille. Quand
mon réservoir est plein, on est forcé de laisser
brûler inutilement le surplus, à moins qu'on
n'ait assez d'ouvrage pour employer ce gaz à
mesure qu'il se dégage. Mais en général nous
le fabriquons et l'employons sur-le-champ,
en sorte qu'il est difficile d'en déterminer la
quantité à deux cents et même à quatre cents
litres près. Et il faut dire que cette quantité
relative dépend beaucoup de la nature de la
houille, certaines variétés donnant plus de gaz
que d'autres. Ces onze kilogrammes que je
mets dans la marmite, et onze autres que j'emploie pour la chauffer (je n'en consume réellement pas autant, mais je mets tout au pire),
valent quarante centimes par jour. Cette somme

nous procure dix-huit à vingt lumières pendant la saison des longues nuits. »

M. Cook a ainsi trouvé le moyen de se passer tout-à-fait des chandelles dont il faisait usage auparavant, et qui lui coûtaient 3 fr. 60 centimes par jour ; mais indépendamment de cette dépense, il employait encore en huile et en mèches, pour des lampes à souder, environ 720 fr. par an, somme qu'il économise actuellement, en faisant toutes les soudures avec la flamme du gaz.

« Dans toutes les manipulations, ajoute-t-il, dans lesquelles on emploie la flamme du chalumeau, entretenue avec l'huile et le coton, on trouvera que la flamme du gaz mérite de beaucoup la préférence, soit pour la promptitude, soit pour la propreté de l'ouvrage. La flamme est plus active, et elle est toujours prête, tandis qu'avec l'huile et le coton l'ouvrier est toujours forcé d'attendre que sa lampe soit animée, et toute l'huile qui se brûle en attendant est perdue, au lieu qu'avec le gaz, à l'instant où l'on tourne le robinet, la lampe est en pleine action, et on ne perd ni temps ni combustible. »

M. Cook donne le détail des frais, qu'il calcule avec une précision extrême, et en faisant

pencher toutes ses estimations du côté défavo-
rable au gaz. Son résultat est, qu'il épargne
720 fr. sur 1200 que lui coûtait auparavant
l'éclairage de ses ateliers ; et lorsque nous con-
sidérons qu'il suppose dans son calcul que le
gaz brûle toute l'année, et les chandelles seulement vingt semaines, nous ne pouvons guère
douter que son économie ne soit la même que
celle qu'on obtient à Manchester dans les grands
ateliers. Si l'appareil est monté sur une échelle
encore moindre, l'économie, à ce que nous assure
M. Cook, sera aussi considérable ; car, dit-il,
celui qui n'allume que six chandelles, ou qui
n'emploie qu'une lampe, trouvera, s'il monte
son appareil de la manière la plus économique,
qu'il ne lui coûtera que 240 à 280 fr., somme
qu'il économisera presque dans la première
année.

Le troisième et dernier essai, dont il nous
reste à parler, a fait beaucoup de bruit à Lon-
dres. On y a vu la rue entière de Pall-Mall
éclairée par des lampes ou lumières de gaz,
dont l'éclat était très-certainement supérieur à
celui des lampes ordinaires. L'entrepreneur de
cet éclairage était M. Winsor, agissant au nom
d'une société qu'il était question d'établir, avec
le titre de compagnie de *lumière* et de *chaleur*;

mais il paraît que le gouvernement n'a pas voulu favoriser ce nouveau mode d'éclairement, qui rendrait moins productives les taxes établies sur les combustibles actuels ; d'autres pensent que le refus fait par le ministère public d'intervenir dans cette circonstance tient à un motif de politique : on aurait craint que la diminution dans la consommation de l'huile à brûler ne nuisît à la pêche de la baleine, pépinière des meilleurs marins.

M. Winsor réclamant un privilége exclusif, on lui a contesté le titre d'inventeur qu'il semble vouloir s'attribuer. On sait en effet depuis long-temps que la houille renferme un gaz in-flammable, dont le docteur Clayton a décrit la nature dans les *Philosophical Transactions* de 1735. Quant à l'application utile de ce gaz, on objecte que M. Murdoch, avant M. Winsor, a eu l'idée de le distribuer dans des tubes et de l'employer à l'éclairement , et que son procédé date de 1792 ; enfin on prétend que le gouvernement ne peut donner au réclamant le monopole d'une pratique déjà adoptée par beaucoup de personnes qui n'en font pas mystère. On fait beaucoup d'autres querelles à M. Winsor ; mais nous nous bornerons à examiner si l'éclairement qu'il propose offre quelque supériorité sur celui de M. Murdoch.

Il avance d'abord qu'il faut démonter de temps en temps les tubes dans les ateliers de M. Lee , pour les nettoyer , tandis que les siens ne contractent aucune saleté. Mais M. Murdoch assure positivement , dans son mémoire qu'il est actuellement débarrassé de tout inconvénient de cette espèce. L'analyse de la houille de Newcastle, que donne M. Winsor, est certainement complète ; l'éclairement que son gaz fournit dans les divers appartemens de sa maison est extrêmement brillant ; la variété de ses appareils et leur élégance sont dignes d'éloges.

Il en mérite aussi pour avoir attiré l'attention publique plus qu'on ne l'avait fait encore, sur l'avantage particulier qu'offre l'emploi du coak (houille charbonnée) comme combustible agréable et économique. Cette matière est le résidu qu'on trouve après avoir chassé par la chaleur tout ce qu'il y a d'évaporable dans la houille ; le coak se présente après que la distillation est terminée, en grandes masses spongieuses, devenues très-légères, mais dont le volume est augmenté de près d'un tiers. Quoiqu'un peu plus difficile à allumer que la houille, sa combustion dure plus long-temps, et il donne une chaleur plus égale et plus intense ; en effet, la quantité de matière qui, dans la combustion de la houille, passe de l'état de solide à celui de fluide élastique, doit nécessairement absorber beaucoup de calorique, tandis que le coak, à l'état d'ignition, brûle avec une intensité qu'aucune cause de ce genre ne tend à diminuer.

Le chimiste respectable que nous avons cité, se prononce aussi en faveur de la supériorité du coak sur la houille comme combustible. « J'ai appris, dit M. Accum, que la chaleur produite par le coak, comparée à celle qu'on peut obtenir de la houille, est au moins dans le rapport de 2 a 3. Ainsi il a trouvé qu'il fallait trois mesures de houille pour distiller une quantité donnée d'eau, et seulement deux de coak. Il a essayé aussi comparativement les deux substances, par la combustion avec une certaine mesure de gaz oxigène pour la fusion et la réduction des métaux, etc., et ces divers procédés ont donné le même résultat ; résultat assez important, puisqu'il prouve que la faculté que possède la houille, de donner une belle lumière, existe aux dépens de celle de fournir de la chaleur.

Nous n'avons pas le moindre doute que

ce coak , tel que M. Winsor l'obtient, et tel qu'on le voit employer dans sa maison, ne puisse servir à entretenir, sinon la totalité, au moins les quatre cinquièmes des feux d'Angleterre, qui en deviendraient plus chauds, plus propres, et plus économiques. Il faut pourtant remarquer que jusqu'à présent les faits ne nous permettent de conclure qu'en faveur de la houille de Newcastle.

Quoique M. Murdoch fasse entrer en compte le coak que fournit son procédé, il ne s'étend point sur les qualités de cette substance ; et il est probable que certaines variétés de houille donnent un coak lent et difficile à brûler dans les foyers, et qui ne pourrait servir que dans les poêles et les fourneaux où le tirage est fort.

Revenons à l'expérience faite à Pall-Mall : elle ne prouve autre chose que la possibilité d'éclairer une rue avec le gaz ; c'est un fait curieux qui ne peut être apprécié à sa juste valeur que quand on sera en état d'affirmer qu'on éclaire ainsi à meilleur marché qu'avec l'huile , ce qui d'ailleurs est fort probable ; mais il semble que M. Winsor a mal-à-propos choisi une expérience en plein air. Les lumières requises pour l'éclairement des rues sont nécessairement placées à de grands intervalles

les unes des autres, ce qui multiplie considérablement les tuyaux de conduite ; et la grande
distance ou sont la plupart de ces lumières du
magasin de gaz, augmente les chances d'accident et de dérangement. Il faut dire encore
que le gaz, pour être employé utilement à l'é-
clairage, doit remplacer le plus commun et le
moins cher de tous les combustibles propres à
l'éclairage, ensorte que dût-on n'obtenir aucun
succès dans ce cas particulier, on pourrait
cependant encore espérer de grands bénéfices,
tant pour l'état que pour les individus.

Autant que nous pouvons en juger, d'après
la connaissance imparfaite que nous avons du
procédé de M. Winsor, il est en un point supérieur à celui de M. Murdoch. Celui-ci paraît
suivre la disposition ordinaire de la distillation, en plaçant le vase qui contient la houille
au centre du fourneau qui doit le chauffer.
Mais M. Winsor met le feu au centre, en
laissant au-dessous et au-dessus l'espace suffisant pour le tirage ; il environne ce feu de la
houille à charbonner, et on ne peut douter
qu'il ne se perde moins de chaleur dans ce
procédé, puisqu'elle rencontre la houille de
tous côtés.

Nous trouvons, d'après le calcul de M. Murdoch, que la sixième partie de sa dépense annuelle s'applique à l'achat de la houille commune destinée à charbonner le cannel-coak qui fournit la lumière, tandis que M. Winsor obtient le même effet par la combustion du résidu d'une opération précédente ; et comme ce résidu n'entre point en ligne de compte dans l'estimation du coak produit, on peut en effet considérer sa valeur comme nulle.

Des expériences authentiques ont confirmé tout ce que M. Winsor annonçait de la houille de Newcastle. Trente-six kilogrammes de cette houille ont produit vingt-quatre kilogrammes de coak, environ trois kilogrammes et demi de goudron huileux, et à-peu-près quatre kilogrammes et demi de liqueur alkaline. Comme tout ce qui manque est du gaz, on voit que le poids s'en élève à quatre kilogrammes, c'est-à-dire à un neuvième du poids de la houille.

On peut déduire des faits et des raisonnemens qui précèdent, les conclusions suivantes :

1°. Dans toutes les manufactures (que leur échelle soit grande, moyenne ou petite), dans les bureaux publics, les imprimeries, les théâtres, les fanaux, etc., en un mot par-tout où il faut beaucoup de lumière sur un espace donné, on peut introduire avec grand avantage les lumières de gaz.

On peut objecter contre la généralité de notre conclusion que le prix de la houille étant très-différent, selon les lieux, les frais ne sont point par-tout les mêmes. Mais cette considération a beaucoup moins d'effet qu'on ne l'imaginerait d'abord, par deux raisons : nous voyons 1° que M. Murdoch porte dans le calcul estimatif des frais d'éclairage de sa filature, sur un total de quatorze mille quatre cents francs, treize mille deux cents francs pour l'intérêt du capital et les réparations des appareils, et douze cents francs seulement pour la consommation de la houille. Cette somme est si peu considérable, sur-tout si l'on réfléchit quelle remplace une valeur de quarante-huit mille francs en chandelles, que le prix de la houille, même en le portant un peu plus haut, ne peut réduire beaucoup les profits calculés. Ensuite il faut considérer que la houille, en cédant son gaz et ses autres produits volatils, est convertie en une substance dont le volume augmente, et qui donne plus de chaleur. Or, comme une manufacture a généralement besoin d'être échauffée comme d'être éclairée, il y a du gain sous ces deux rapports.

Ainsi le manufacturier en distillant sa houille au sortir de la mine, au lieu de la brûler, épargne ses chandelles et augmente sa provision de combustibles. Après la première mise dehors, pour frais d'établissement des appareils , il diminue sa dépense annuelle pour ces deux articles de première nécessité , à - peu - près (mais avec bien plus d'avantage) comme le fermier gagne à substituer une machine à battre le blé, à l'usage peu économique du fléau ordinaire.

2°. Si l'on considère combien les essais de ce nouveau procédé d'éclairement sont encore en petit nombre ; combien ils ont été coûteux et mal-adroitement faits, on peut raisonnablement espérer que cette pratique se perfectionnera à mesure qu'elle deviendra plus générale, et que les lumières de gaz finiront par prendre sur toutes les autres un avantage décidé.

Quelque peu disposés que nous soyons à chercher dans les spéculations des avantages imaginaires, nous ne pouvons nous refuser au plaisir de prévoir qu'à une époque plus ou moins prochaine , ce mode d'éclairement pénétrera jusque dans les maisons des particuliers. M. Lee a donné l'exemple. Sa maison tout entière, à Manchester , depuis la cuisine jusqu'au salon de compagnie, n'est éclairée qu'avec le gaz, que ses propriétés rendent particulièrement propre aux effets brillans de lumière. Comme il n'y a dans la manipulation rien de liquide ou qui puisse tacher, on peut diriger la flamme indifféremment dans tous les sens, et les jets d'où elle sort peuvent être disposés sous toutes les formes que le goût peut suggérer.

Il y a sans doute quelques difficultés à vaincre pour arriver à ce terme, mais on parviendra à les surmonter. La gigantesque machine à vapeurs n'est-elle pas devenue dans des mains industrieuses, un appareil commode, et presque un meuble de cabinet ; n'a-t-on pas subdivisé son action de manière à la distribuer en détail à de petits fabricans, qui ne connaissent de tout ce mécanisme que le principe de mouvement qu'il leur procure ?

Nous croyons avoir assez prouvé que dans ce nouvel objet il y a matière à exercer l'industrie des physiciens et des artistes ; si le public parvient à en être persuadé, nous ne doutons guère qu'on ne découvre les meilleurs moyens d'en tirer parti.

Notice sur les alcalis du commerce.

L'alcalimètre de M. Descroisilles aîné a été décrit dans nos Annales, tome XXIX, p. 321, et tome XXX, page 101. L'usage de cet excellent instrument est devenu tout-à-fait commun, et l'auteur a la satisfaction de le voir servir de régulateur aux achats des salins par les fabricans de potasse, à leurs opérations et à celles des fabricans de soude, ainsi qu'à l'achat et à l'emploi de ces alcalis dans les diverses manufactures où ils se consomment.

On a généralement senti que la saturation par les acides est le meilleur moyen d'essai, et que c'est l'acide sulfurique qui, plus constant dans ses propriétés, se trouve aussi le plus facilement et au même degré donné de pesanteur hydro-majeure.

L'utilité de l'alcalimètre a sur-tout été reconnue depuis que l'extrême rareté des soudes d'Espagne a forcé les consommateurs de recourir à celles qu'on obtient maintenant, avec abondance, dans les nombreuses manufactures qui se sont élevées de toutes parts, pour la décomposition du muriate et du sulfate de soude. Sans énumérer ici les diverses conquêtes de notre industrie dans les arts mécaniques, un des résultats de la longue et mémorable guerre qui n'est pas encore terminée, aura été d'affranchir successivement notre pays du tribut qu'il envoyait aux étrangers, pour nos achats de salpêtre, de couperose, d'alun, d'acier, de fer-blanc, et enfin de soude. Honneur à la chimie qui a créé de si importantes ressources, et sur-tout parce qu'elles sont devenues, pour la France, et pour tous les temps, la base d'un grand et permanent commerce!

L'application particulière de l'alcalimètre à l'essai des soudes, a fait connaître une différence de solubilité bien singulière, entre les soudes brutes nouvellement fabriquées, et les mêmes soudes exposées à l'air. Ces dernières exigent, pour la dissolution entière de leur alcali, une quantité d'eau beaucoup plus grande que celles qui n'ont absorbé ni l'humidité de l'air, ni une portion d'acide carbonique ambiant.

« J'ai prescrit, dit M. Descroisilles, dans mes précédentes notices, et pour les essais de soudes brutes, une première dose d'eau froide d'environ quatre fois leur poids. Tous les chimistes sont d'accord que le carbonate de soude crystallisé n'exige, à la température des caves, que le double de sa pesanteur en eau pour être totalement dissous. Mais on sait aussi que, dans les soudes brutes, il y a une portion de l'alcali qui n'étant pas saturée d'acide carbonique, est beaucoup plus soluble. Les quatre-cinquièmes d'un demi-décilitre, c'est-à-dire, quarante grammes d'eau, devaient donc paraître beaucoup plus que suffisans pour dissoudre tout l'alcali contenu dans un décagramme de la plus forte soude brute, sur-tout lorsque ensuite, ainsi que je l'ai toujours prescrit, on avait fait une nouvelle addition de soixante grammes d'eau. Cette dose devrait, je le répète, être plus que suffisante, quand même toute la soude contenue dans ce décagramme serait carbonatée. Il n'y avait donc pas lieu de s'attendre à l'anomalie ici mentionnée.

Est-elle due à l'espèce de frite opérée entre l'alcali et la terre ? Est-elle due à un état anhydre de l'alcali, à sa propriété de faire masse au premier contact de l'eau ? Cela est difficile à concevoir dans nos essais, où la soude brute reste toujours en molécules très-subtiles. Mais pourquoi cette moindre solubilité n'a-t-elle lieu que pour les soudes qui ont repris de l'humidité et de l'acide carbonique dans l'air ambiant ? Quelle qu'en soit la cause, j'ai commencé par chercher les moyens de remédier, pour l'essai alcalimétrique des soudes, à cette singulière anomalie, en dissolvant complètement l'alcali, et j'y suis parvenu, en modifiant ainsi qu'il suit mon premier procédé.

Le décagramme de soude brute, très-subtilement pulvérisé dans un mortier de grandeur suffisante, par une trituration continuée pendant cinq minutes bien comptées, et avec un pilon pesant au moins sept hectogrammes (environ une livre et demie), doit être mis dans un grand verre de table et délayé de suite avec un décilitre et demi d'eau bouillante ; on prendra, pour ne pas casser le verre, les précautions convenables. On fera bien, avant chaque trituration, de chauffer le mortier et le pilon, de manière cependant qu'ensuite on puisse les manier sans incommodité. Il en résultera plus d'exactitude ; car, certaines soudes sont tellement déliquescentes, que l'instant seul de leur pulvérisation dans un temps humide, peut en augmenter le poids, ce qui induirait en erreur lors de la pesée définitive du décagramme. Il faut donc procéder de suite à l'essai après la pulvérisation , à moins qu'on ne prenne la précaution d'enfermer à l'instant et en attendant, dans un flacon bien sec, la soude pulvérisée.

On doit agiter souvent, jusqu'à ce que la température de la liqueur soit presque descendue au niveau de celle du local. Il faut ensuite transvaser le tout, avec son marc, dans un autre grand verre. Mais on doit préalablement le verser en deux fois dans la mesure décilitre, pour compléter les deux décilitres avec de l'eau froide. Cette manipulation peut être rendue plus aisée, au moyen d'un carafon contenant un peu plus de deux décilitres, et marqué d'un trait de diamant ou de pierre à fusil à l'endroit précis de son col où s'arrête la ligne de niveau de cette double mesure. Ce sera alors dans ce carafon qu'on délaiera la soude avec un décilitre et demi d'eau bouillante. On aura, de cette manière, la facilité d'agiter le mélange par la simple secousse du carafon. Lorsqu'ensuite la liqueur sera refroidie, on y versera de l'eau froide jusqu'à la ligne tracée sur le col du vase. Celui-ci étant bouché un instant par l'application exacte de la paume de la main, on le renversera, en agitant pendant quelques secondes, pour opérer un mélange complet ; il ne s'agira plus que de le laisser se déposer pour en soutirer à clair le décilitre destiné à la saturation par l'alcalimètre. Ces carafons, ainsi jaugés, facilitent et abrègent beaucoup l'opération : ils sont bien plus commodes que les verres de table. Il sera utile d'en avoir un nombre suffisant pour tous les échantillons d'alcali qu'on voudra essayer dans une séance.

On laisse donc le dépôt se former, et on soutire la moitié de la liqueur, pour l'essayer par l'alcalimètre, ainsi qu'il est prescrit. Si quelque incertitude s'était glissée dans l'essai de la première mesure, on pourrait le vérifier au moyen de la liqueur restée sur le marc, et dont on soutirerait seulement un demi-décilitre, qui, essayé par l'alcalimètre, mais en comptant un degré pour deux, donnerait un rapport conforme à l'essai précédent, si celui-ci avait été fait avec exactitude. Il n'est pas hors de propos d'observer ici que, pour la plus grande exactitude aussi, il faudrait n'employer, dans les essais, que de l'eau distillée, ou de l'eau de pluie. Il y a telle eau qui contient tant de sels à base terreuse, qu'employée à la dose de vingt parties pour une d'alcali à essayer, cet alcali perdrait jusqu'à trois degrés alcalimétriques ainsi que cela a été vérifié. Il faudrait donc, au moins, employer de l'eau peu chargée de ce sel.

Je viens de pratiquer un grand nombre de fois ce genre d'essai, tant sur des soudes d'Espagne, que sur des soudes de Paris et de Rouen, soit anciennes, soit récentes, et comparativement avec les méthodes par le coulage à grande eau et à froid, pendant plusieurs jours, et par celle de l'ébullition, de la filtration et du lavage. Ces trois méthodes m'ont donné, dans les mêmes circonstances, des résultats alcalimétriques absolument semblables ; mais il y a cette différence entre elles, c'est que mon procédé, par la simple agitation et par la saturation d'une moitié de la liqueur tirée à clair, est considérablement plus prompt et plus facile que les procédés par ébullition et par filtration ; c'est que le procédé dans lequel on se sert d'un flacon d'acide, dont il faut rétablir la tare à chaque opération, pour trouver ensuite, par une nouvelle pesée, le poids de l'acide employé, est incontestablement moins facile et moins expéditif que celui où l'acide est mis dans un tube gradué. D'ailleurs, il est si rare de trouver, je ne dis pas des balances très-sensibles, mais seulement des balances justes pour des pesées de quelques décagrammes !

Il me reste à répondre à une objection que j'avais bien prévue, et qu'on ne m'eût peut-être pas faite si on eût pris la peine de vérifier à quel point seulement elle est fondée. Il est certain que quand on divise la liqueur alcaline en deux volumes absolument égaux, la portion de cette liqueur dans laquelle reste le dépôt terreux de la soude essayée, contient moins d'alcali que la première qui a été tirée à clair, et cela en raison du volume de liqueur déplacé par ce dépôt terreux ; pour connaître quel est le volume déplacé, il faut supposer une chose approximativement vraie, c'est que le poids moyen de la substance insoluble des soudes est de moitié de leur poids total.

Cela étant donné, j'ai bien délayé, dans quarante parties d'eau, une partie de charée de soude, exactement dessalée et séchée, et ce volume d'eau n'a été augmenté que d'un centième. Il est toutefois évident que la première moitié du volume total contient la moitié de l'alcali, plus la petite quantité qui est dans la liqueur déplacée par le dépôt terreux, qui reste dans le décilitre, dont on ne fait point usage

pour la saturation. Il faut donc avoir égard
à cela dans les essais ; mais cette différence
en plus se trouve bien compensée par la soustraction d'un degré alcalimétrique, comme je
prescris de le faire, alors que le sirop de violettes
vient à être un peu viré en rouge, réfraction
qui certainement est un peu trop grande. Elle
se trouve encore compensée par la portion de
liqueur alcaline qui reste aux parois intérieures
du décilitre qui sert à mesurer la première
moitié destinée à la saturation.

Il y a bien aussi quelque chose à dire sur
la précision des lignes de niveau dans le décilitre et dans l'alcalimètre ; mais il est bien
prouvé que l'ensemble de toutes ces légères
erreurs ne peut jamais être d'un centième
contre le vendeur ou contre l'acheteur des
soudes.

Si les eaux-de-vie et l'acide sulfurique, qui
sont l'objet d'un grand commerce, sont uniquement soumis à un genre d'essai encore
beaucoup plus expéditif que celui que j'ai fait
adopter pour les alcalis, quelqu'un osera-t-il
soutenir que les essais par le pèse-liqueur sont,
dans leur genre, aussi approximatifs de la
stricte vérité que les essais par l'alcalimètre ?
Et ne faudrait-il pas renoncer au commerce,

si tout ce qui en est l'objet devait être aussi celui d'une docimasie rigoureuse ?

Quoi qu'il en soit, l'essai par l'acide sulfurique indique, avec précision , la quantité relative de carbonate de soude desséché. En effet, cent parties de carbonate de soude non-effleuri, contiennent soixante-quatre d'eau de crystallisation , et exigent exactement trente-six d'acide sulfurique pour leur saturation , ce que l'alcalimètre indique de même , sans qu'il soit besoin de peser l'acide.

D'ailleurs, enfin , l'adoption générale de l'alcalimètre à Marseille , à Paris , à Rouen et ailleurs , par des manufacturiers que distinguent à-la-fois leur droiture , leurs lumières , et leur sérieuse attention à leurs intérêts, est un garant suffisant de son efficacité. Je conclus donc que, pour les soudes destinées aux arts chimiques , l'essai par l'alcalimètre est maintenant le plus approximatif, et que, jusqu'à présent , il est le seul à portée de tous les manufacturiers.

Je vais répliquer encore à une dernière objection. On prétend qu'avec l'eau bouillante que je recommande d'employer dans nos essais alcalimétriques , tandis que , dans l'art du savonnier , les soudes sont lavées à froid

(sauf cependant la chaleur produite par la
chaux du mélange), je vais introduire, dans
la dissolution alcaline, du sulfure de soude,
qui, pour sa décomposition, exigera une dose
d'acide sulfurique par laquelle le vrai degré
alcalimétrique sera outrepassé. J'ai cependant
déjà dit que mes essais à froid, avec une partie de soude sur vingt parties d'eau, m'avaient
donné les mêmes résultats que les essais à
chaud. Il faut donc que je me borne à répéter cette assertion très-facile à vérifier,
pourvu qu'on veuille prendre la peine de se-
couer fortement, pendant six heures, au
moins, le carafon contenant le décagramme
de soude et les deux décilitres d'eau. Il est
évident que si je donne la préférenc eà l'eau
qui vient de bouillir, c'est parce qu'elle
n'exige qu'une heure environ pour un essai,
et parce que d'ailleurs, s'il y a du soufre
dissous, c'est au moyen d'une quantité de
soude qu'on ne trouverait pas moins par la
dissolution à froid. La conversion de la soude
en sulfure de soude donne même un degré
alcalimétrique moindre, en ce que l'hydrogène sulfuré contribue à rougir le sirop de
violettes, avant la saturation de l'alcali.

Sur l'emploi de la scie pour débiter le bois de chauffage.

La coutume abusive de débiter les grands bois de chauffage à la hache, abolie depuis long-temps dans presque toutes les forêts de la France, s'était conservée dans celles qui avoisinent le Rhin, sans doute parce que la rareté du combustible s'était moins fait sentir dans ces contrées. Presque par-tout on emploie la scie pour réduire en cordes les bois qui ont plus de six pouces de tour, et on se sert de la serpe pour les brins qui peuvent se couper en un ou deux coups, et qui ne sont propres qu'à faire du charbon, des cotrets, des bourrées, des fagots et autres menus bois.

M. le préfet du département du Haut-Rhin, instruit par M. Picquet, inspecteur-forestier à Colmar, de l'énorme perte de bois qui était occasionnée par l'emploi de la hache au lieu de la scie pour débiter les bois de chauffage, chargea une commission de faire des expériences pour s'assurer de la différence produite par les deux méthodes, quant à la durée du travail et au déchet du combustible.

Voici le rapport rédigé par cette commission.

Vingt-trois arbres sapins, de l'espèce appe-
lée sapin argenté, ou à feuiles d'if (*abies taxi-
folia*), furent abattus et ébranchés à la cognée,
par les soins de l'inspecteur. Onze de ces arbres furent désignés pour être débités à la scie,
tandis que les douze autres furent réservés
pour l'exploitation à la hache. Tous étaient
destinés à être réduits en bûches de trois pieds
et demi (1 mètre 137 millimètres). Leur circonférence avait depuis 1 mètre jusqu'à 1 mètre 39 centimètres, et leur longueur de 13 à 18
mètres. Calcul fait de leur solidité, elle fut,
pour les onze premiers, de 17 mètres 634 décimètres 900 centimètres cubes.

On employa six scieurs pour faire mouvoir
trois scies ; et, après avoir tenu note du temps
employé pour scier chaque tronçon d'un diamètre connu, on obtint, pour terme moyen
de trente-sept épreuves, les résultats suivans ;
savoir :

1°. Que deux hommes de force ordinaire,
faisant mouvoir une scie, peuvent scier en
quatre minutes un tronçon de sapin de 44
centimètres de diamètre ;

2°. Que dans les sections de différens dia-
mètres faites à la scie, les temps sont, à peu

de chose près, proportionnels aux carrés du diamètre, ou, ce qui revient au même, à la surface des sections circulaires: en sorte que s'il faut quatre minutes pour une section de 44 centimètres de diamètre, il faudra 16 minutes pour une section de 88 centimètres ;

3°. Que les ouvriers soutiennent plus long-temps, et avec moins de fatigue, le travail à la scie que celui à la hache, sur-tout quand ils font mouvoir la scie à la hauteur des hanches.

On estima ensuite le déchet résultant des traits de scie, et pour cet effet on examina le vide laissé par chaque trait. Il était exactement de 6 millimètres, ce qui, d'après le calcul, ne fait guère qu'un demi pour cent de perte.

Après cette première vérification, les commissaires portèrent leur attention sur les douze arbres que l'on débitait à la hache, et ils constatèrent que la perte résultant des entailles faites des deux côtés de l'arbre pour le couper, et de la portion de bois enlevée aussi sur la longueur de chaque tronçon, était de quinze et demi pour cent au moins, et que le temps employé pour ce travail, était à très-peu près, double de celui du travail à la scie. On doit songer que les copeaux sont absolument perdus pour le chauffage, attendu qu'on les abandonne aux bûcherons, qui les font brûler sur place pour en faire de la cendre destinée à la fabrication de la potasse. Cet usage est d'autant plus abusif, que d'un côté le bois qu'on réduit en copeaux fournirait également de la cendre s'il était consumé dans les foyers, et que de l'autre les bûcherons ont de l'intérêt à faire des entailles plus considérables : aussi arrive-t-il souvent que ces entailles ont jusqu'à 22 centimètres (8 pouces) de hauteur, ce qui occasionne alors une perte de dix-sept pour cent.

La commission profita des calculs qu'elle avait faits pour s'assurer en même temps de de la solidité d'une mesure de bois de sapin : elle trouva pour terme moyen de plusieurs opérations, que dans une mesure de bois de cette espèce, soit corde, soit stère, il y avait cinquante-cinq parties de solidité réelle, et quarante-cinq parties de vides.

M. Baudrillart trouve que cette évaluation des vides ou interstices de la mesure est forte, sur-tout pour des bois droits, qui, comme les pins et sapins, se cordent mieux que les autres bois. Au reste, il a été fait un grand nombre d'expériences pour déterminer la solidité relative des différens bois de corde, et tous les résultats ont varié d'une manière étonnante.

Le terme moyen de plusieurs épreuves s'est trouvé être pour une corde de 108 pieds cubes, de ving-huit parties de vides et de quatre-vingts parties de solidité.

M. Hartig a fait aussi beaucoup d'expériences, et d'une manière fort exacte ; car il a mesuré la solidité des bois par le déplacement de l'eau, en le mettant dans une huche d'une capacité qui lui était connue, et qu'il avait eu soin d'emplir d'eau jusqu'à la moitié. L'exhaussement du liquide lui donnait précisément la solidité du bois qu'il y plongeait. Les résultats qu'il a obtenus ont varié selon les différentes sortes de bois sur lesquels il avait opéré, car il a trouvé dans une corde de 144 pieds cubes, depuis soixante-quatre jusqu'à cent parties de solidité, et depuis quarantequatre jusqu'à quatre-vingts parties de vides.

Les commissaires eurent encore l'occasion de remarquer que la manière de corder le bois influait beaucoup sur le nombre de mesures qu'on peut obtenir d'une même quantité de bois, et qu'à cet égard l'acheteur est toujours à la merci des mesureurs. Ils avaient trouvé avant le façonnage que les douze arbres destinés à être débités à la hache contenaient en solidité 19 mètres et quelques décimètres cubes, et que les onze autres, destinés à être sciés, ne contenaient que 17 mètres cubes et une fraction. Cependant les premiers, dont la solidité était plus considérable, n'ont produit que sept cordes, tandis que les autres ont donné sept cordes et un quart.

Quelle que soit néanmoins la difficulté d'éviter la fraude dans le mesurage ordinaire du bois, on ne pense pas que l'usage de le vendre au poids, suivi dans les pays où il est rare et d'un prix élevé, lui soit préférable ; car la pesanteur spécifique du bois varie d'une manière très-sensible selon son espèce, sa densité, son état de dessication, et même suivant l'état de l'atmosphère ; la dessication seule fait perdre au sapin jusqu'à la moitié de son poids. Il n'y aurait peut-être que le mesurage par le déplacement de l'eau, c'est-à-dire dans des caisses emplies d'eau jusqu'à une hauteur telle que le vide fût égal à la solidité de bois qu'on voudrait acheter, qui pût garantir de toute fraude. Mais on sent les difficultés de ce mesurage pour les forêts, et même pour plusieurs chantiers ; d'ailleurs il répugnerait à beaucoup de personnes de faire mouiller leur bois avant de le mettre en remise. M. Baudrillart ne parle donc de ce moyen que comme pouvant être utile pour les expériences.

Il résulte des observations et des calculs présentés dans le mémoire envoyé par M. le préfet du département du Haut-Rhin,

1°. Sous le rapport de l'économie du combustible, que, dans le façonnage à la scie, le déchet est tout au plus d'un demi pour cent ;

Que, dans le façonnage à la hache, il ne peut être évalué à moins de quinze et demi pour cent, en sorte qu'il y a quinze pour cent de bénéfice réel sur la matière, en débitant à la scie ;

2°. Sous le rapport de l'économie du temps, qu'il faut moitié moins de temps pour débiter à la scie que pour façonner à la hache. Il est vrai que les ouvriers à qui l'on abandonne les copeaux augmenteront le prix de la main-d'œuvre, s'ils en sont privés, en employant la scie ; mais cette augmentation sera loin de balancer les avantages que le marchand et le propriétaire de bois trouveront dans l'exploitation à la scie. Cela devient sensible, quand on considère que sur 300,000 cordes de bois, présumées nécessaires à la consommation annuelle du département du Haut-Rhin, l'exploitation à la hache en fait perdre 45,000.

C'est pour prévenir une perte de combus-

tible aussi énorme, que le magistrat qui admi-
nistre ce département a pris la sage mesure
d'ordonner qu'à l'avenir les bois de chauffage
seraient débités à la scie dans les bois commu-
naux, comme ils doivent l'être dans les forêts
impériales de cet arrondissement.

Comme il y a encore quelques pays où l'on
se sert de la hache pour le débit des bois de
moyenne grosseur, il serait utile qu'on y
connût les abus de cet usage. Quoique l'économie du temps et du combustible ne soit pas
aussi considérable pour les bois de moyenne
grosseur que pour les arbres d'une grande circonférence, il n'en est pas moins constant qu'il
y aura encore beaucoup de bénéfice à préférer
la scie pour les réduire en cordes. En général,
on ne devrait employer la serpe ou la hache
pour débiter les bois de chauffage, que lorsque
l'amputation peut s'en faire sans soustraction
de matière.

TABLE ALPHABÉTIQUE

DES MATIÈRES

contenues dans le Tome XXXV.

Fin de la table alphabétique du tome XXXV.

TABLE DES MÉMOIRES

contenus dans le Tome XXXV.

TECHNOLOGIE.

Fin de la table des mémoires du tome XXXV.

TABLE DES PLANCHES
du Tome XXXV.

(N. B. *Le relieur placera chaque planche à la page indiquée par la table ci-dessous.*)

Fin du XXXVe Tome.

Distillation et Moulage du Phosphore.

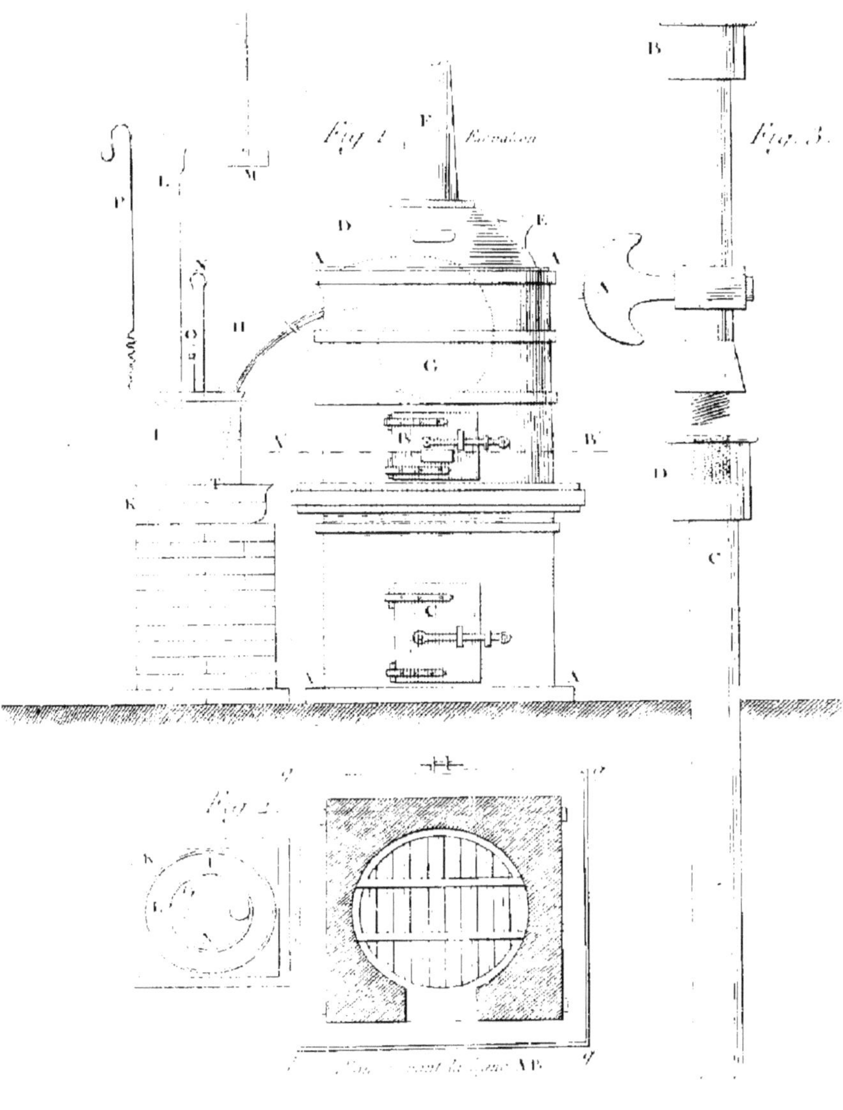

Voiture qui marche en arrière et en avant.

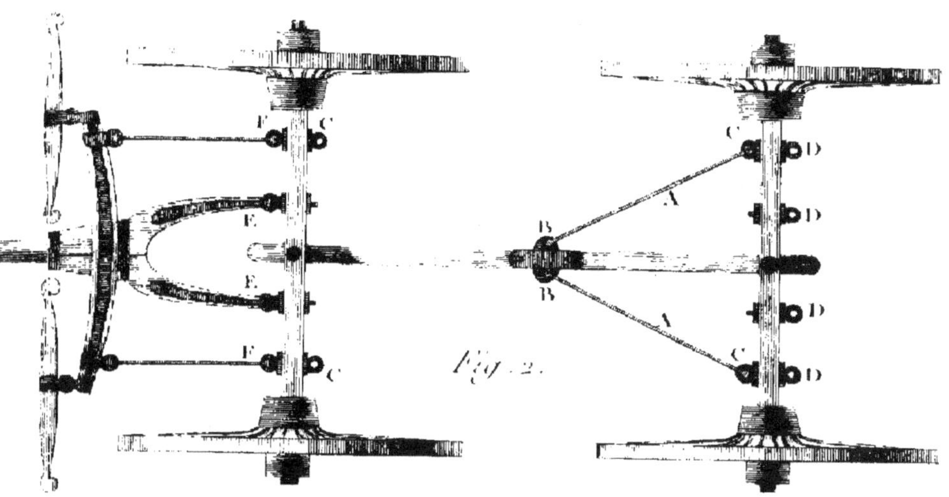
F
C
E
E
F
E
C
Fig. 2.
C
D
A
B
D
B
A
C
D
D

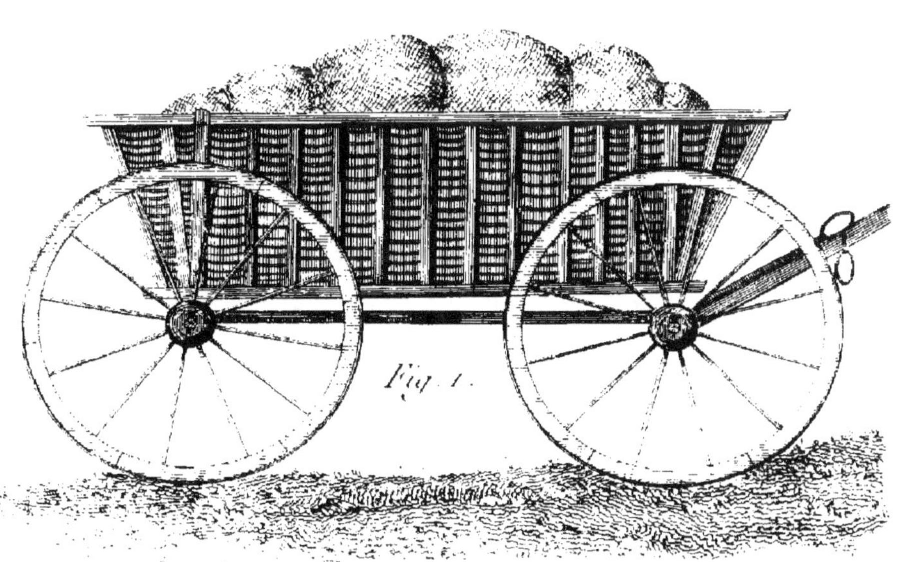
Fig. 1.

Baret - Bascule à ...

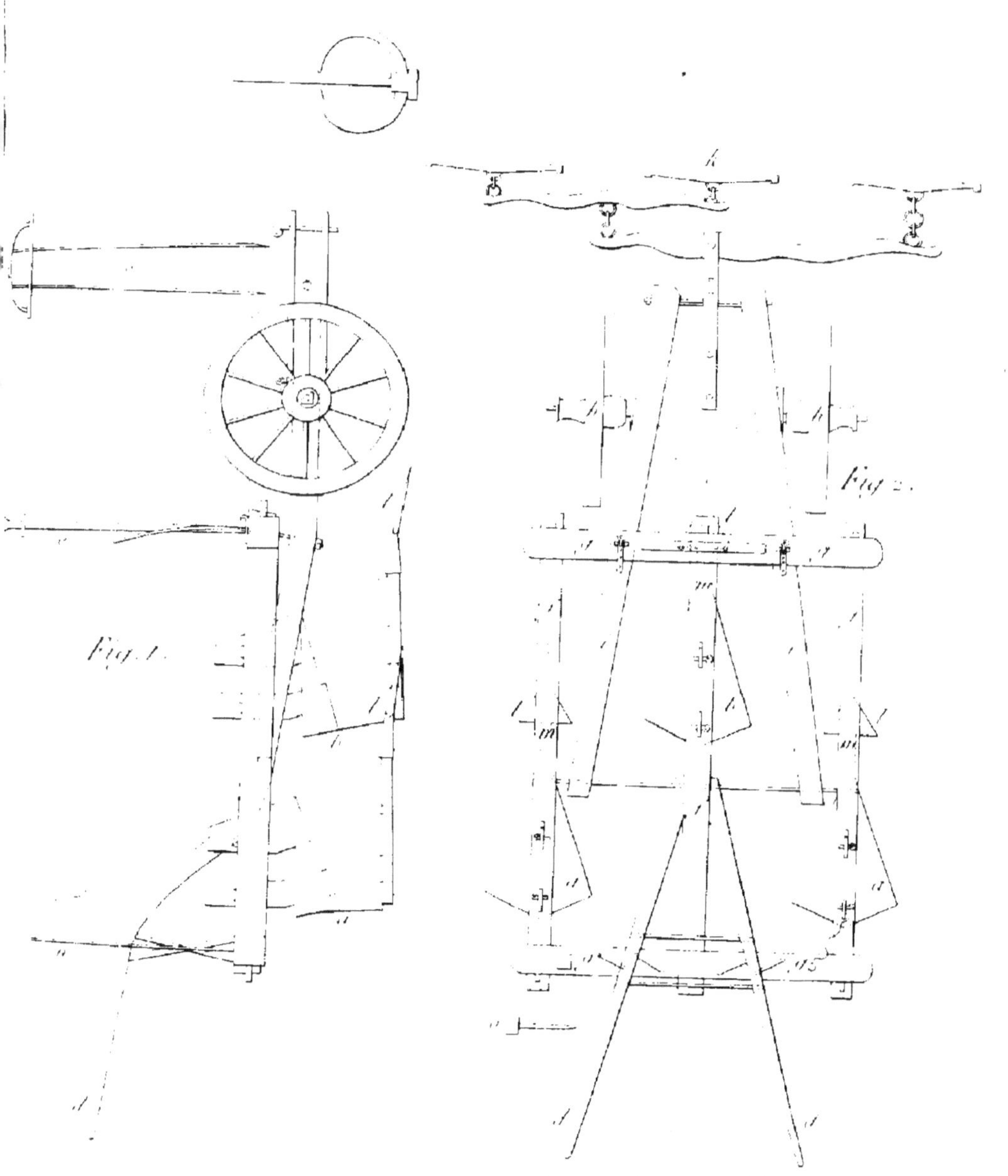